鉄道利用の
最新防犯知識

「景色解読力」を身につけて危険回避

小宮信夫
Komiya Nobuo

交通新聞社新書 177

はじめに

冒頭から私事になって恐縮だが、私の父は国鉄職員だった。そのせいなのか、遊びに連れて行かれる場所は、決まって青梅鉄道公園だった。

この鉄道公園は東京の奥座敷にあり、遊園地のような、それでいて博物館のようでもあった。実物の蒸気機関車があるかと思えば、巨大な模型鉄道パノラマもあった。食堂車で美味しいドーナツも食べられた。開設されたのが一九六二年というから、私が小学校に入学したのと時を同じくしている。

そうしたこともあって、私は鉄道が大好きになった。

当時、国鉄職員の家族には年に一度、一〇日間乗り放題の無料パスが支給されていた。高校生の時、それを利用して北海道を一人旅した。釧路では本物の蒸気機関車にも乗った。

大学生の時には、丸一日かけて東京発・西鹿児島（現・鹿児島中央）行きの列車で旅した。東京駅を夕方に出発し、翌日の夕方に西鹿児島に到着する夜行列車だ。すべてが座席車で、寝台車や食堂車はない。

途中、停車する駅で、立ち食いそば・うどんを車内に持ち込んで食いつなぐ。そばやうどんは温かいので、体が生き返るのだ。そういえば、前の席に座っていた人が、駅弁を食べながら、うらやましそうに私を見ていた。

驚いたのは、しばらく眠りに落ちた後、眠い目をこすりながら外を見たら、そこが「厚狭駅」だったこと。「どこ？　何と読む？」と思って、駅名標識に目を凝らすと、「あさ」と書いてある。思わず吹き出しそうになった。

犯罪学者になってからも、例えば、高知に出張するときは、必ず瀬戸大橋経由の列車を利用した。瀬戸内の静かな海や、大歩危・小歩危の絶景を車窓から楽しめるからだ。

ヨーロッパでは、鉄道乗り放題の「ユーレイルパス」で各国を周遊し、中国では、上海のリニアモーターカーで時速四三一キロを体験した。

さて、本書のテーマとかけ離れたことを長々と書いてしまった。だが、言いたかったことは一つ。「私は鉄道が大好き」ということだ。「それがどうした？」と言われそうだが、好きだからこそ、鉄道のことを語りたいし、好きだからこそ、鉄道を守りたいのである。

この点については、読者と共有できるのではないだろうか。鉄道が嫌いなら、本書を手に取っていないはずだからだ。一緒に鉄道の未来を考えてみてはいかがか。

懲りずに、もう一つだけ。

「旅は人生のシミュレーションである」

長年、学生たちに伝えてきた私のメッセージだ。

旅に出ると、さまざまな困難に直面する。非日常だから、想定外が起きるのは仕方がない。そこをどう乗り越えるか——それが重要だ。旅は、そうした課題を突き付けてくる。私たちは皆、旅の途中で試されているのだ。

人生も同じではないか。困難をどう乗り越えるかで人生が決まる。とすれば、旅はその訓練になるはずだ。つまり、旅の途中で獲得した思考法や意識の持ち方は、人生でも役立つ。だからこそ、旅は人生のシミュレーションなのである。

そんな旅に欠かせないのが鉄道だ。それゆえ、鉄道は単なる移動手段ではない。人生のシミュレーションをサポートする装置なのである。頼れる仲間と言ってもいい。

そして、もう一人の頼れる仲間が、本書のテーマである犯罪機会論だ。本書では、世界中を旅しながら、犯罪機会論の重要ポイントを解説する。犯罪機会論は、読者の人生を、危険な旅から安全な旅へと変えてくれるに違いない。

ぜひ鉄道と、そして犯罪機会論と一緒に、明るい未来をシミュレートしていただきたい。

鉄道利用の最新防犯知識　「景色解読力」を身につけて危険回避――もくじ

第2章　犯罪は「この場所」で起きる……53

第3章　防犯の「ガラパゴス状態」から抜け出す……107

第5章　乗客を襲う「自爆テロ型犯罪」を防ぐ……195

第6章　特別対談……221

第1章

「人」から「場所」へ視点を移す

知識はアップデートし続けないといけない

「常識とは、一八歳までに心にたまった先入観の堆積物にすぎない」

天才の名をほしいままにした物理学者アルバート・アインシュタインは、そう語ったという。それは、常識が正しいとは限らないというメッセージだ。この通り、日本人が抱く防犯の常識も、先入観の堆積物にすぎず、間違った知識に満ちあふれている。防犯に関する日本の常識は世界の非常識と言ってもいい。しかし、ほとんどの日本人はそうは思わず、防犯について自信満々である。

アメリカの作家マーク・トウェインによると、「人がトラブルに巻き込まれるのは知らないからではない。知っていると思い込んでいるから」という。このことは、犯罪についても同じだ。日本人の多くは、犯罪が発生すると、それは偶然であって、運が悪かったと考える。ところが、実際、そのほとんどは、犯罪が起きやすい状況で起きている。言い換えれば、犯罪が起こる可能性が高いと分かっていれば、防げたはずの犯罪なのだ。

マーク・トウェインなら、「人が犯罪に巻き込まれるのは、犯罪について知らないからではない。知っていると思い込んでいるから」と言うに違いない。しかし、現代の情報社会では、犯罪に関する情報が満ちあふれ、そのため、人は犯罪について知っていると思いがちになる。事件の報道に接した当初は、誰もが犯罪に対する不安を述べるが、最後には「まさか自分には起こらないだろう」という根拠のない自信から、事件は忘れ去られていく。

子どものころ、親や教師から「犯罪とは」と何度も聞かされ、それが先入観になり、やがて常識となる。大人になっても、同じ常識が世間にあることを知り、その常識が自信へとつながっていく。その過程で一度も、正しさを検証することなく、自信が形成されていく。しかし、アインシュタインやトウェインが言っているように、客観的に見れば、その常識は単なる思い込みであり、根拠のない自信を持っているにすぎない。

そこでまず、日本人が持つ防犯の常識の背景を探ることにする。背景にある犯罪学の正体を見極めることができれば、先入観や常識の呪縛を解くことにもなるからだ。

「不審者」という言葉は日本だけ

そもそも、トラブルは予測できたら、回避することもできる。天気予報があるのもそのためだ。犯罪というトラブルにも同じことが言える。つまり、犯罪を予測できれば予防できるのだ。言い換えれば、犯罪が起きる確率が高いと分かれば、その危険を回避できると言える。問題はどうやって予測するかだ。

予測方法について、日本では、「誰」が犯罪を企図しているのかを見極めることによって、つまり、多くの人の中から「不審者」を特定することによって、犯罪を予測しようとしている。そのため、地域では不審者を探すパトロールが行われ、学校では子どもたちに「不審者に気を付けて」と教えている。「不審者」という言葉は、日本では、誰もが知っていて、当たり前に使われる言葉だ。

にもかかわらず、海外では、「不審者」という言葉は使われていない。というのは、「不審者」なのかどうかは、人の姿を見ただけでは分からないからだ。ではなぜ、日本だけが「不審者」という言葉を使っているのか。それは、海外では、犯罪予防の根拠になる理論として「犯罪機会論」を採用しているのに対し、日本だけが「犯罪原因論」を採用しているからである。

犯罪原因論と犯罪機会論の違い

犯罪学の世界には、大きく分けて、犯罪原因論と犯罪機会論がある。まず、犯罪者という「人」に注目する考え方が犯罪原因論だ。犯罪原因論は、読んで字のごとく、犯罪の原因を明らかにしようとするアプローチである。犯罪は人が起こすものなので、犯罪の原因は犯罪者にあると考えるのが普通だ。そのため、犯罪原因論は、犯罪者を重視することになる。「なぜこの人が？」というアプローチだ。

これに対し、犯罪機会論は「なぜこの場所で？」というアプローチである。つまり、場所の犯罪誘発性を問題にする。もちろん、場所の要素も、広義では犯罪原因であるが、狭義の犯罪原因と区別するため、犯罪機会論という用語が使われるようになった。これについては、後に詳しく説明するが、その前に犯罪原因論をしっかり押さえておきたい。なぜなら、犯罪機会論の理解には、犯罪原因論の特性を踏まえる必要があるからだ。

犯罪原因論とは

さて、その犯罪原因論だが、犯罪の原因については、大きく分けて、犯罪者の「内」に原因を求める立場と、犯罪者の「外」に原因を求める立場がある。このうち、犯罪者の「内」についても、「体」を重視する立場と、「心」を重視する立場の二つがある。

「体」を重視するアプローチは、古くはイタリアのチェザーレ・ロンブローゾによる犯罪生物学が有名だ。それは、チャールズ・ダーウィンの進化論に影響されたものである。

ロンブローゾは、死体を解剖して六六人の犯罪者の頭蓋骨の特徴を調べたり、八三二人の受刑者の人体・人相を測定して八六八人の兵士と比べたりした。その結果、犯罪者の特徴は身体的奇形にあると考え、「犯罪者とは、原始人や下等動物の凶暴性を自分に引き継いで先祖返りした生き物」と結論づけている。

このロンブローゾの研究から始まり、「体」を重視するアプローチは、現在では、遺伝子、ホルモン分泌不全、栄養不良、脳障害などに注目している。

これに対し、「心」を重視するアプローチは、古くは知能テストの発明者であるフランスのアルフレッド・ビネーの知能心理学、疾病分類を体系化したドイツのエミール・クレペリンの精神医学、精神分析の創始者であるオーストリアのジークムント・フロイトの臨床心理学が有名である。知能や深層心理、気質などを取り上げるのが、このアプローチだ。

こうした犯罪者の「内」に注目する立場に対し、犯罪者の「外」に原因を求める立場は、家庭、学校、職場、地域など、犯罪者の「生い立ち」や「身の上」を重視する立場と、景気、都市化、不平等、テレビ、インターネットなど、犯罪者が生まれ育ち暮らす「社会」を重視する立場の二つに分かれる。犯罪者の「外」と言っても、家族や友人など、身近で目に見える環境から、社会や文化など、把握しにくい環境まで、さまざまな「外」があるわけだ。

犯罪者の「外」に原因を求める立場として、最も有名な理論家が、フランスのエミール・デュルケムである。デュルケムは、「実験心理学の父」と呼ばれるドイツのヴィルヘルム・ヴントの文化心理学の影響を受けて、犯罪の社会文化論を展開した。彼によると、犯罪の背後には人間の無限の欲望があるが、社会的連帯に基づく社会的規制によって、この欲望に限界が設けられているからこそ犯罪は防がれているという。

要するにデュルケムは、「犯罪に駆り立てる力（欲望）－犯罪から引き離す力（統制）＝犯罪」という公式を打ち出した。デュルケムはこの公式を使って、社会の進歩には欲望（プッシュ）が必要なので、それが統制（プル）を上回っていること、つまり犯罪が存在していることは異常ではないという驚くべき見解を示した。しかし、急激な社会変動により混乱が生じると、一方では欲望があおられ、他方では統制が揺らぐため、犯罪が必要以上に増加してしまう。それは問題だと指摘した。

このデュルケムの公式のうち、犯罪駆動力を重視するのが「緊張理論」で、犯罪制御力を重視するのが「統制理論」である。これが犯罪者の「外」に原因を求める立場の二大潮流だ。

このうち、緊張理論の元祖はコロンビア大学のロバート・マートンである。そこで言う「緊張」とは、文化的目標と制度的手段とのミスマッチが引き起こす社会的ストレスのことであり、マートン版アノミー（社会規範の動揺や崩壊などによって生じる混沌状態のこと）と呼べるものである。

マートンは犯罪駆動力の源泉を、経済的成功を美徳とするアメリカン・ドリームの中に見出した。つまり、犯罪を引き起こす欲望は文化的に作り出されるというのだ。人工的欲望を重視するマートンの立場は、自然的欲望を前提としたデュルケムと対照的である。

このように、緊張理論では「文化」を犯罪の張本人と見なしている。そのため、社会変動期に欲望があおられると考えたデュルケムの見解と異なり、欲望は常時あおられていることになる。それが犯罪駆動力だが、問題は犯罪制御力である。

デュルケムは、犯罪制御力を社会的統制から生まれるものと考えたが、これについてもマートンは、犯罪制御力はアメリカン・ドリームを実現するチャンスから生まれると異なる主張を示した。つまり、経済的成功という文化的目標を達成する合法的手段である教育や就労が提供されていれば、犯罪を抑え込むことができるというのだ。

しかし、実際には合法的チャンスは平等に配分されていない、つまり上流階層にチャンスが集中し、下流階層にはわずかなチャンスしかない。そこで、合法的チャンスに恵まれない人々は、それでも文化的目標を達成するように仕向けられれば、非合法的手段、つまり、犯罪に頼るしかない。緊張理論は、こうした社会構造上の格差こそが犯罪の元凶だと主張したのである。

このように、緊張理論は、人を犯罪に駆り立てる欲望は文化的に作り出されるとする。つまり、人間は本来道徳的な存在であり、犯罪は自然に動機づけられるものではないというわけだ。これは性善説の立場である。

これと正反対、つまり性悪説の立場を取るのが統制理論だ。それは、犯罪への衝動は人間に固有の性質とする。したがって、人はなぜ犯罪をするのかを説明する必要はなく、説明されるべきは、人はなぜ犯罪をしないのかということだというのだ。

統制理論の主唱者はアリゾナ大学のトラヴィス・ハーシである。ハーシは、デュルケムの「犯罪駆動力―犯罪制御力＝犯罪」という公式の中の犯罪制御力の源泉を「社会的な絆」に見出した。社会的な絆には静的な要素と動的な要素がある。前者は両親や仲間などへの愛着という愛情的なつながりの糸で、後者は学業や職業への投資という実利的なつながりの糸、および趣味や用事への没頭という時間的なつながりの糸だ。

この糸で社会と結ばれていれば、「親を悲しませたくない（愛情的結びつき）」「今までの苦労を無駄にしたくない（実利的結びつき）」「犯罪を考える暇はない（時間的結びつき）」といった理由から、犯罪に走りにくい。しかし、糸がなければ、「こんな人間に育てた親が悪い」「犯行が発覚しても失うものは何もない」「暇つぶしに犯罪でもするか」といった理由から、犯罪に走りやすくなる。

このように、犯罪原因論は、犯罪者の「内」から「外」まで、犯罪者をめぐる多種多様な原因を扱う。したがって、ある事件について、犯罪原因を特定することは、容易なことではない。おそらく、現実には、無数の犯罪原因が複雑に絡み合って、犯罪を引き起こしているに違いない。

犯罪原因論による解明は専門家の力が必要

ところがマスコミは、犯罪の原因を特定しようとする。マスコミの性質上、それは仕方のないことだが、犯罪原因を単純化すればするほど、真実から遠ざかる。例えば、マスコミは、しつけに厳しい家庭で育てられた子どもが非行に走ると、「厳しい親」が原因とし、しつけに無関心な家庭で育てられた子どもが非行に走ると、「甘やかす親」が原因と言う。これでは、どんな内容のしつけが犯罪原因になるのか、さっぱり分からない。

また、マスコミは、ゲームが好きな子どもが犯罪を起こすと、「ゲーム」が原因とし、失業した会社員が犯罪を起こすと、「失業」が原因だと言う。しかし、ゲームが好きであっても、あるいは失業しても、犯罪に走らない人の方が圧倒的多数だ。仮に、ゲームや失業が犯罪を生むとしても、ゲームが好きな子どもの中から、あるいは、失業した会社員の中から、犯罪を起こしそうな人を選別できるのか。さらに、ゲームや失業を、社会からゼロにすることができるのか。

さらに、マスコミは、犯罪者が患っている精神的な病気に注目し、特定の病名を原因として報道することも多い。しかし、病名は症状の呼び方であって、症状の原因ではない。

報道すべきなのは、犯罪者の症状がどのような病名で呼ばれているかではなく、なぜそのような症状が発現したのか、どのようにしてその症状が犯罪に結びついたのか、ということのはずだ。

中には、小学校の卒業文集を引っ張り出し、こう書いてある、ああ書いてあると、小学校時代に犯罪を予測できたと言いたげな報道もある。しかし、卒業文集を書いたときに、犯罪を予測できるのなら、その時点で、子どもを犯罪者扱いしなければならなくなってしまう。

マスコミは、本質的に犯罪者を深く観察することもできなければ、犯罪者とじっくり話すこともできない。そんなマスコミに、犯罪原因の解明を期待することはできるだろうか。もっとも、犯罪者と話すことができる捜査機関にも原因解明を期待できないだろう。

例えば、事件が起こると、マスコミは、「警察では、動機について本格的に追及する方針」と言うが、実際、警察ではそんなことはしていない。原因解明は、警察の中心的な仕事ではないからだ。したがって、警察には、動機を本格的に追及できる時間や専門家は用意されていない。警察の中心的な仕事は、犯罪事実の確認である。確認できた事案を検察庁に送ることまでが警察の仕事なのだ。

もちろん、供述調書には動機が書かれるが、その内容については、取調官の上司、検察庁、そして裁判所を納得させられるものであるかどうかが重要であって、それが本当の動機である保証はない。つまり、あり得そうな動機が語られれば、それ以上追及する必要はない。したがって、警察段階で、動機を手がかりにして、犯罪の原因に迫ることは期待できない。

検察庁や裁判所についても同じだ。その職務は、犯罪事実を確定し、それに対応した刑罰を決定すること。そのため、刑事司法機関は、法執行機関とも呼ばれている。つまり、警察も裁判所も、法律を実現することが仕事であって、原因を解明することは仕事ではないのだ。

ただし、少年事件については、家庭裁判所調査官や少年鑑別所の技官・教官が、犯罪の原因に迫る仕事をしている。しかし、犯罪原因論が本格的に登場するのは、裁判所が事件にけじめをつけた後のことだ。つまり、刑務所や少年院こそ、犯罪原因論が活躍する舞台である。そこには、原因を本格的に追及できる時間や専門家が用意されている。

刑務所や少年院では、専門家が、犯罪者とじっくり話したり、その行動を丹念に観察したりすることで、犯罪原因になり得る問題点を発見する可能性がある。しかし、その問題点を一つひとつ解決していくことが、その犯罪者の改善更生に役立つことは間違いない。

刑務所や少年院に比べれば、犯罪原因を追及できる時間は限られているが、保護観察の分野にも、犯罪原因になり得る問題点を発見できる専門家が用意されている。いずれにしても、犯罪原因論が動き始めるのは、事件発生から相当な時間が経過した後で、しかも、犯罪原因論に携わることができるのは専門家だけなのだ。

このように、犯罪者という「人」に注目する犯罪原因論が最も活躍できるのは、どうすれば「他人」を改善更生させられるのか、という立ち直り支援の分野である。ところが、子どもの安全や地域防犯など社会的関心が高い分野は、どうすれば「自分」が犯罪被害に遭わずに済むのか、という犯罪予防の分野である。同じ分野というよりもむしろ違う分野とみなした方がいい。

そのため、海外では、犯罪発生後を扱う犯罪原因論と、犯罪発生前を扱う犯罪機会論との役割分担がはっきりしている。つまり、警察などの刑事司法機関が犯罪発生後を担当し、地方自治体や地域社会が犯罪発生前を担当している。ところが、日本ではこのような役割分担は確立していない。日本では、犯罪原因論が突出していて、犯罪機会論が低調なのである。なぜ、そうなってしまったのか。

日本で犯罪原因論が主流となっている理由

日本でも、今世紀に入ってから、犯罪予防への関心が急速に高まった。そのため、「何かしたい」「何かしなくては」と思う人が増え、その人たちが飛びついたのが犯罪原因論だった。それまでの日本には、犯罪原因論しかなかったので、それに飛びついたのは仕方がない。もちろん、ほとんどの日本人は、犯罪原因論という用語は知らなかったが、「なぜこの人が？」というアプローチを取るマスコミに影響され、自然に「人」に目が向くようになっていった。

警察も、長い間、「検挙に勝る防犯なし」という金科玉条の下、犯罪者を刑務所や少年院に送り込むことに活動を集中し、犯罪原因論の一翼を担ってきた。そのため、「何かをしたい」と望む日本人が犯罪原因論に飛びついても、警察はそれを疑問に思うどころか、むしろ歓迎した。その結果、「人」に注目する犯罪原因論が防犯の分野を覆うことになったのだ。

だが問題があった。子どもの安全にしろ、地域の安全にしろ、予防の分野なので、まだ犯罪は起きていないから、犯罪者は存在しない。つまり、「犯罪者」という言葉が使えないのだ。そこで、苦し紛れに登場させたのが「不審者」という言葉だ。

海外では「事後」に登場する犯罪原因論が、日本では「事前」に持ち込まれてしまった。その結果、「事前」の世界に、「犯罪者」が姿を変えて、「不審者」として現れたのだ。こうして、海外では耳にしない「不審者」という言葉が、日本では、誰もが知っていて、当たり前に使われる言葉になったのである。

不審者とはどのような人を意味するのか。警察では、子どもの安全を脅かす不審者を、「声かけ事案等を行い、又は行うおそれのある者」として定義している。警察が言う「声かけ事案等」とは、「子どもに対する声かけ、つきまとい事案等で、それ自体が犯罪行為に当たる場合があるだけでなく、略取・誘拐や性犯罪等の重大な犯罪の前兆事案ともみることができるもの」を指す。

警察の定義は、非常に複雑で理解が困難だが、要するに、警察が想定する不審者には、「犯罪行為を実行した者、その前兆行為を実行した者、それらの行為を実行するおそれのある者」の三種類がある。このうち、「犯罪行為を実行した者」は犯罪者だから、不審者と呼ぶ必要はない。そもそも、辞書によると、「不審」とは、「疑わしく思えること」「嫌疑を受けること」である。とすれば、「犯罪行為を実行した者」を不審者と呼ぶのであれば、正確には、「犯罪行為を実行したのではないかと疑わしく思える者」が不審者になるはずだ。

　確かに、警察では、犯罪は発生しているが、その犯罪を起こしたのが誰なのか不明なときに、「不審者」という言葉をよく使っていた。例えば、昭和四八年の『警察白書』には、「昭和四六年六月から翌年三月にかけて広島県下で発生した窃盗事件について、犯罪現場から採取した足跡及び同種のくつを手配した。その結果、昭和四七年三月、手配と同種のくつをはいた不審者を発見し、職務質問により被疑者であることを確認した」という記述がある。

　ここに現れたような「不審者」が、前述した三種類の中の一番目の不審者、つまり、「犯罪行為を実行したのではないかと疑わしく思える者」である。この場合には、犯罪が既に発生しているので、犯行現場から、犯罪者を特定するための情報を得ることができる。しかしそれでも、犯罪者を発見することは困難だ。そこで、不審者への職務質問が行われることになる。

「不審者」像のバイアスが判断を誤らせる

　職務質問によって、「犯罪行為を実行したのではないかと疑わしく思える者（不審者）」の中から、「犯罪行為を実行した者（犯罪者）」を絞り込んでいく。しかし、誤認逮捕が起こるように、手配情報を持ち、職務質問を行う警察官にとっても、犯罪者の発見は困難である。

かつて佐賀県で、小学五年生が車にはねられた後に連れ去られ、重傷のまま林道に放置される事件があった。事件の翌日、警察官が、農道で前部が壊れたトラックを発見したので、近くでビニールハウスの撤去作業をしていた人に、トラックの所有者を尋ねたところ、その人は「自分の車ではない」と答えた。だが実際には、その人が「犯罪者」だった。そのため、この警察官は、職務質問しておきながら犯罪者を取り逃がした、という理由で非難されたのだ。

しかしながら、事件の翌日に、犯罪の形跡が残るトラックのそばで犯罪者が働いているとは普通考えられない。したがって、この警察官が、撤去作業をしていた人を、「犯罪行為を実行したのではないかと疑わしく思える者」と考えなかったとしても、大きなミスを犯したことにはならないと言うべきである。

ここからも分かるように、犯罪が発生した後に、不審者や犯罪者を発見することは、警察官にとっても困難だ。ましてや、犯罪が発生する前に、不審者を発見することは、不可能に近いと言わなければならない。ところが、「不審者」という言葉がよく使われるのは、犯罪がまだ発生していない段階、つまり、犯罪予防の分野においてなのだ。

予防の分野に登場する「不審者」は、前述した三種類のうち、二番目と三番目の不審者である。つまり、「犯罪の前兆行為を実行した者」と「犯罪行為やその前兆行為を実行するおそれのある者」だ。このうち、犯罪の前兆行為は、文字通り、犯罪ではないので、それを理由に検挙はできない。そのため、警察の文書では、「犯罪の前兆行為を実行した者」に対しては、指導・警告を行うとしている。

もっとも、どういう行為が、犯罪の前兆行為になるのか明白ではない。例えば、警察の文書では、声かけとつきまといが、例として挙げられているが、どのような声かけやつきまといが、犯罪の前兆行為になるのかは明示されていない。特に、声かけについては、子どもの安全確保や健全育成に役立つ声かけも多いので、行為そのものの性質から、それが犯罪の前兆行為になるかどうかを判断することは容易ではない。

「不審者」と「犯罪者」が混同される矛盾

元来、「前兆」とは、辞書によると、「物事が起こりそうな気配」「物事が起こるのを予想させるような出来事」という。とすれば、「犯罪の前兆行為を実行した者」とは、「犯罪が起こるのを予想させるような行為を実行した者」になるはずだ。同様の理由から、三番目の不審者、つまり、「犯罪行為やその前兆行為を実行するおそれのある者」についても、実質的には、「犯罪行為を実行するおそれのある者」と定義できるはずである。

要するに、二番目と三番目の不審者には大きな違いはない。二番目の不審者は、三番目の不審者と異なり、何らかの行為を実行した者であるが、行為自体から前兆行為かどうかを判断することが困難である以上、結局は、「犯罪行為を実行するおそれのある者」という三番目の不審者の定義に包括されてしまう。

では、「おそれ」とは何か。辞書によると、「よくないことが起こるかもしれないという心配」「悪いことが起こるのではないかという心配」という。したがって、警察が想定する三種類の不審者のうち、一番目の不審者を、「犯罪行為を実行したのではないかと疑わしく思える者」と定義し直したように、それに対応する形で二番目と三番目の不審者を定義し直すと、「犯罪行為を実行するのではないかと疑わしく思える者」ということになる。

しかし、実際、「不審者」という言葉は、こうした意味では使われていない。例えば、「徒歩で帰宅途中の女子中学生が自転車の男にすれ違い様に胸を触られた」「二人で自転車に乗っていた女子児童が『じゃまなんだよ』と言われ顔を軽く叩かれた」「男子児童が自転車に乗った男に背中を押されて転倒し、腕に怪我をした」といった不審者情報が公開されたが、これらはすべて不審者情報ではなく、犯罪者情報である。これらの犯罪者情報に基づいて、住民から「あの人がやったのかもしれない」「この人が犯人かもしれない」という情報が警察に寄せられれば、その情報こそが不審者情報になるのだ。

学校の不審者対応訓練でも、登場するのは犯罪者である。例えば、「不審者の侵入を想定した訓練を実施。児童や教職員が対処法や避難方法を確認した。訓練は署員がふんする刃物を持った不審者が六年生の教室に侵入した」といった記事があったが、これは、不審者ではなく、犯罪者への対応を紹介したものである。

実は、文部科学省が作成した『学校への不審者侵入時の危機管理マニュアル』では、正しい定義が採用されている。「不審者」を「正当な理由がなく校地や校舎に立ち入ったり、立ち入ろうとする者」としているので、「犯罪行為を実行するのではないかと疑わしく思える者」と見なすことができる。これまで述べてきた不審者の正しい定義と矛盾しないのだ。ただし、学校現場では、「犯罪者」を意味する言葉として、「不審者」という言葉が使われてしまっている。それが日本の現状だ。

「不審者」探しは初めから破綻している

では、正しい定義を採用するとして、「人」に注目する犯罪原因論は有効であろうか。つまり、「犯罪行為を実行するのではないかと疑わしく思える者」という不審者を探し当てられるのであろうか。その答えはノーと言わざるを得ない。なぜなら、犯罪をしたがっている「心」や犯行を決意した「心」は見えないし、犯罪をしようとする者が、いかにも怪しげな姿や動きをするとは考えにくいからだ。

「犯罪行為を実行するのではないかと疑わしく思える者」を外見から分かれば、こんなにも多くの犯罪が発生するはずがない。やはり、「不審者に注意」という予測方法は不可能なのだ。にもかかわらず、日本では不審者に注意するように言い続けている。そのため、奇妙な努力が行われることになる。例えば、子どもや住民に不審者という「人」に注目させるため、連れ去り犯のイメージとして、サングラスとマスクを想定し、空き巣犯のイメージとして、唐草模様の風呂敷と手ぬぐいのほおかぶりを想定したりしている。しかし、そうしたイメージは現実離れしている。

かつて佐賀県と福岡県で、小学生の女児五人をわいせつ目的で車に乗せて連れ去った犯人が、警察官だったという事件があった。この事件は、子どもを守るはずの警察官が起こしたために、地域に大きなショックを与えた。しかし、「まさか警察官が……」と思ってしまうことも、「人」に注目する犯罪原因論を予防の分野に持ち込んだことの結果である。住民それぞれが作り上げた犯罪者のイメージが、固定的なものであればあるほど、実際の犯罪者とかけ離れ、「まさか……」と思うことが多くなってしまうのだ。

繰り返すが、子どもの安全や地域防犯といった話題には、必ずと言っていいほど「不審者」という言葉が登場する。それを「犯罪行為を実行したのではないかと疑わしく思える者」と「犯罪行為を実行するのではないかと疑わしく思える者」と定義すること自体はできるが、現実には、意味のない定義なのだ。

「何かしたい」「何かしなくては」と思う人が飛びついた犯罪原因論。しかし、「犯罪者」に注目する犯罪原因論からは、「犯罪者」が姿を変えた「不審者」しか生まれなかった。事後の「犯罪者」は、はっきりとしているが、事前の「不審者」は、はっきりとしていない。はっきりしていないということは、予測できないということである。予測できなければ、予防もできない。このように、「不審者」に注目する予測方法には、防犯効果は期待できない。

それればかりではない。「犯罪行為を実行するのではないかと疑わしく思える者」に注目する予防対策は、子どもや地域の安全にプラスに働くどころか、かえってマイナスに働きかねない。「不審者」という言葉に振り回されると、防犯効果が生まれないだけでなく、子どもや地域を危険にさらす可能性を高めてしまうのだ。

犯罪を企てている者を、外見から突き止めるのが極めて困難であるにもかかわらず、無理やりに不審者を発見しようとすれば、平均的な日本人と外見上の特徴が異なる人の中に、不審者を求めがちになる。そうなると、外国人、ホームレス、知的障害者が不審者扱いされてしまう。

実際、「警視庁地域部が東京都内各署に配った防犯チラシに『中国人かな、と思ったら一一〇番』などの表現があり、『配慮に欠ける』との指摘を受けた同部がこれを回収していた」「登校を見守る。午後も下校時や夕方に合わせ、毎日散歩している。『少年のたまり場ともなる団地裏や路上生活者の出入りする公園も』パトロール用の腕章を着け、目を光らせている」「知的障害者は特定の物や形にこだわる、説明を十分できないなどから、不審者に間違われることもある」といった記事が新聞に掲載されたことがある。

このように、「不審者」を探そうとすると、外国人、ホームレス、知的障害者に、疑心暗鬼の目が向けられる。これでは、差別や排除が生まれ、人権が侵害される。人権が尊重されない社会では、犯罪という人権侵害もはびこる。さらに、不審者扱いされた人は、今度は逆に、自分を不審者扱いした人を、自分に危害を加える「不審者」と見なすようになるかもしれない。要するに、「不審者」に注目するやり方は、相互不信や無用の対立を招き、人間関係を分断して、犯罪から守り合う関係も破壊するのである。

ほかにも、「不審者」に注目していると、思わぬ問題も生じる。かつて県警の捜査員が隣県で犯人を逮捕した際、逮捕場所の地名を確認するため、捜査員が近くの民家を訪問し、応対した小学生に警察手帳を見せて住所を尋ねたことがあった。ところが、児童の話を聞いた母親が学校へ連絡し、学校は不審者情報として保護者あてに注意喚起の文書を配布した。

このようなケースもあった。小学一年生の女児が連れ去られそうになった際、一緒にいた小学二年生の女児が撮影した写真がきっかけとなり、一六歳の少年が逮捕された。しかし、少年審判では、刑事裁判の無罪判決に当たる不処分決定が出された。その理由は、女児が撮影した写真に写った人物は犯人には見えないということだった。どうやら、この女児は、犯人を一度見失った後で、偶然近くにいた人を犯人だと思って撮影したらしい。

これらのケースからは、知らない人を不審者と見なし、大人の言動に神経過敏になっている子どもや、周りの大人を信じられない子どもの姿が浮かんでくる。つまり、「不審者」

に注目する予測方法では、子どもたちに、この世は敵だらけと思わせ、子どもたちを、大人から遠ざけていくことになるのだ。

この方法は、子どもを大人から離していくだけでなく、大人も子どもから離していく。というのは、誰だって、子どもに近づいて不審者に間違われたくはないからだ。例えば、防犯ブザーを止められず、泣きじゃくっていた小学生に、通りがかった大人が声をかけ、防犯ブザーを止めていたところ、近所の人に警察に通報されたことがあった。ほかには、路上ですれ違った母子に、事故防止のために声をかけた男性が、「誘拐するぞ」と脅したとして起訴されることがあった。実際には、この男性は、前方から走ってきた二歳の男児に、右手を横に差し出し、止まって母親を待つように声をかけ、その後方を子どもと離れて歩いていた母親に、すれ違いざまに、子どもから手と目を離さないように注意しただけだった。

これでは、子どもが危険にさらされていても、見て見ぬ振りをする大人が増えるだけだ。子どもの味方になりたくても、子どもが最初から敵視しているのでは、たまったものではない。

このように、「不審者」に注目していると、子どもが大人から離れていき、大人も子どもから離れていく。つまり、「不審者」に注目すればするほど、子どもと大人の距離が開いていく。そうなれば、犯罪者はそこに入ってくる。人間不信が増幅され、犯罪から守り合う関係が破壊されればされるほど、犯罪行為を実行するには好都合になるのだ。

このように、「不審者」に注目することは、防犯にプラスに働かないだけでなく、かえってマイナスに働く。とすれば、何もしない方がいいのか。実際に、何も対策を講じる必要はないという意見もある。その前提の一つが、日本の治安は悪化していないというものだ。犯罪が増えていない以上、新しいことをする必要もないというわけだ。

犯罪統計を鵜呑みにはできない

二〇二二年、警察が認知した刑法犯が二〇年ぶりに前年を上回った。また、警察庁が二〇二二年に実施したアンケート調査でも、「日本の治安は良い」と回答した人は六九％で、前年の七六％より減少した。しかし、「いやいや、そんなことはない。安全神話は崩壊したかもしれないが、日本はまだ安全だ」と、そんな声も聞こえてきそうだ。実際はどうなっているのか。日本の治安は悪化しているのか。

実は、この問いに正確に答えることはできない。というのは、警察庁の『警察白書』や法務省の『犯罪白書』で公表されている犯罪統計は、犯罪の認知件数だからだ。つまり、警察が知ることができて処理した犯罪を記録した数にすぎないのである。したがって犯罪が発生しても、それを警察が見つけられなかったり、被害者や目撃者が警察に連絡しなかったりすれば、その犯罪は統計には載らない。統計に出ない数は「暗数」と呼ばれている。

例えば、贈収賄、売春、賭博、麻薬取引など、「被害者なき犯罪」と呼ばれている犯罪は、被害届が提出されることは期待できない。当事者間の合意があるからだ。したがって、警察がその犯罪を自力で見つけない限り、統計上の数字には表れず、暗数になる。

また被害者が被害に遭ったことに気付かない場合や、被害者が忙しかったり、警察に不信感を抱いていたり、あるいは犯罪者からの報復を恐れたりして、被害届を提出しない場合にも、その犯罪を警察が自力で見つけたり、目撃者が通報したりしない限り、暗数が発生する。

そこで、犯罪発生の実態に近づくため、無作為に選んだ一般の人を対象にインタビューを行い、国民全体の被害率を推定する犯罪被害調査が実施されるようになった。例えば、アメリカでは毎年約一四万人を対象に、イギリスでも毎年約五万人を対象に犯罪被害調査が行われている。日本でも、四年ごとに数千人規模ではあるが犯罪被害の実態調査が行われるようになった。それが法務省の「犯罪被害実態（暗数）調査」である。これが最も信頼できる統計だ。

二〇一九年に一六歳以上の男女を対象に実施した犯罪被害実態調査の結果を見てみよう。例えば、性犯罪はどうだろう。調査結果では、五年以内に性犯罪に巻き込まれたことがある人は全体の一%だった。低い数字のように見えるが、生産年齢人口で計算し、実数にすれば、約七〇万人が性被害に遭っていたことになる。

ここで重要になるのは、被害申告率、つまり警察に被害届を出した割合だ。性的事件の場合、その数字は一四%である。つまり、七〇万人の性被害者のうち、被害届を提出したのはわずか一〇万人だったのだ。実際には、警察が把握した事件の七倍の性被害が発生していたわけである。さらに、この数字は一六歳以上のものであり、だまされやすく、性被害を認識しにくい子どもの場合、その被害申告率は、推して知るべしだ。

被害申告率が高いと思われる窃盗はどうだろう。調査結果によると、五年以内に窃盗に巻き込まれたことがある人は全体の二%だった。実数にすれば、約一四〇万人の窃盗被害者だ。その被害申告率、つまり警察に被害届を出した割合は四二%、つまり被害届を提出したのは六〇万人だった。実際には、警察が把握した事件の倍以上の窃盗が発生していたわけである。

警察が知らない窃盗事件を起こした犯人は、ほとんどが逮捕されていないだろう。警察が知ることができた窃盗事件でさえ、逮捕されたのは四一％である。総合すれば、実質的な窃盗の検挙率は約一割にすぎないと推計される。

なぜ、これほどまでに多くの犯罪者が捕まらないのか。その答えは、犯罪機会論からは明白だ。捕まらないのは、捕まりそうにない場所を選んでいるからだ。ほとんどの犯罪者は、犯罪が成功しそうな場所、つまり犯罪機会がある場所でしか犯罪を行わない。だからこそ捕まったりはしないのである。捕まるのは、犯罪が失敗しそうな場所でも犯罪をしてしまう、ごく一部の犯罪者である。ニュースでは、この種の犯罪者ばかりが取り上げられることになる。

それはさておき、性犯罪や窃盗は、膨大な数の事件が発生しているが、治安を語るなら、殺人で判断すべきという意見がある。というのは、殺人については暗数が少ない、つまり、被害届はほとんど出されると言われているからだ。本当にそうだろうか。

かつて力士がけいこ中に暴行を受けショック死した事件があった。このケースは、当初「病死」として処理されていた。また、秋田県で一カ月余りの間に二人の小学生が殺害されたケースでは、当初「事故死」として処理されていた。さらに、兵庫県でコンクリート詰めの遺体が見つかったケースでは、それをきっかけに行方不明だった五人が次々と遺体で発見された。

このように実際には殺人事件であっても、病死、事故死、自殺、行方不明などと判断され、殺人として認知されない可能性がある。病院以外で死亡し、死因がはっきりしないため警察が取り扱う死体は「異状死体」と呼ばれるが、その異状死体のうち、検視を専門とする刑事調査官（検視官）が現場に出向いたのは二割、司法解剖または行政解剖に回されたのは一割程度である。刑事調査官や解剖医の数が圧倒的に足りないのだ。

欧米諸国と比べ、この解剖率一割というのは極端に低い。スウェーデンの解剖率は九割、イギリスとアメリカの解剖率は五割だという。米ロサンゼルス近郊の自宅で首をつって死亡しているのが見つかった伊良部秀輝投手（元ヤンキース）のケースでも司法解剖が行われた。

異状死体のうち解剖に回されない九割について、どの程度犯罪と関係があるのか。筑波メディカルセンター病院の塩谷清司医師によると、異状死体のすべてを解剖するオーストリアのウィーンでは、犯罪とは無関係であるという前提で運ばれてきた遺体の一・三％が、犯罪と関係があったという。そこから塩谷医師は、日本でも年間一七〇〇件ほどの犯罪死が見逃されていると試算している。

こうした「死因不明社会」を改善しようと、医師で作家の海堂尊氏は、遺体を傷つけずにＣＴやＭＲＩで死因を究明するオートプシー・イメージング（死亡時画像診断）の普及を訴えてきた。もちろん、解剖やオートプシー・イメージングの問題は、死体の存在を前提にしている。さらに考えなければならないのは、被害者の死体が見つからないまま、事件が闇に葬られているケースだ。警察庁によると、捜索願が出される家出人は年間約八万人いるという。さらに、そのうち法律上死亡したと見なす失踪宣告は、年間約二〇〇〇件なされている。

やはり、殺人についても暗数を前提に考える必要がありそうだ。犯罪被害実態調査では、一六歳以上の人が一年間に被害に遭った割合は七％だった。生産年齢人口を使って大ざっぱに計算すると、犯罪発生件数は、犯罪認知件数の六倍に上る。とすれば、実際の検挙率は一割にも満たないことになる。この数字では、「新しいことをする必要はない」とはさすがに言えない。問題は何をするかだが、その答えは明白だ。犯罪機会論である。

欧米諸国で防犯に犯罪原因論が用いられなかった理由

前述したように、欧米諸国では、犯罪原因論が予防の分野を担当していない。しかし、当初からそうだったわけではない。欧米諸国でも、日本のように、子どもの安全や地域防犯に対する社会的関心が高まった時期があった。犯罪予防への関心が高まるにつれて、「何かしたい」「何かしなくては」と思う人が増えたのも日本と同じだ。しかし、欧米諸国は、日本のように、犯罪原因論に飛びついたりはしなかった。それは、その時期、犯罪原因論の人気が急落していたからだ。

実は欧米諸国でも、一九七〇年代までは、犯罪原因論は人気を博していた。欧米諸国での取り組みは、多数の「性格」と「境遇」の専門家を用意し、専門家が犯罪者と接する時間も十分に確保したはずだった。しかし、犯罪は減るどころか、かえって増え続けた。そのため、犯罪原因論に疑問が抱かれ、厳しい批判が相次ぐようになった。犯罪原因論への批判は、主に、四つの立場からなされた。

第一の批判は、犯罪原因論は犯罪者を非犯罪者とかなり違う人間と位置づけ、その差異のために、ある人は罪を犯すがほかの人は犯さないということを前提としているが、そのように犯罪者を特別視すること自体が差別を助長し、犯罪の原因になるというもの。

つまり、犯罪を計画していないのに、何らかの差異があるために、犯罪者扱いされ続けると、周りがそういう目で見るようになり、本人にもそうした意識が芽生え、本当に犯罪に走るというわけだ。

第二の批判は、犯罪原因論に基づいて開発された矯正プログラムは、どれ一つとして再犯率を低下させることができていないというもの。この論拠となったのが、ニューヨーク市立大学のロバート・マーティンソンが一九七四年に発表した論文だ。マーティンソンはその中で、一九四五年から一九六七年までの四三五件の犯罪者更生プログラムに関する研究報告を分析した結果、「少数単独の例外はあるものの、これまでに報告されている更生の取り組みは、再犯に対して目に見える効果を上げていない」と主張したのだ。

このような「何をやっても駄目」（nothing works）と考える立場は、要するに、犯罪の原因を特定することは困難であり、仮に特定できたとしてもその原因を取り除くことは一層困難である、ということをその根拠としている。確かに、人の性格や境遇は千差万別なので、犯罪の動機や原因も人それぞれだ。そのため、原因除去のための治療法や支援策が、犯罪者のニーズにぴったり合えばいいが、ミスマッチの可能性は高い。したがって、現在の科学水準をもってしても、犯罪者の心の闇を照らし、壊れた心を治すのは、非常に困難なことなのだ。

第三の批判は、犯罪原因論に基づく矯正プログラムは、犯罪者の人格を改造し、自己決定権を奪うものであり、人権侵害に当たるというもの。不定期刑の下では、たとえ犯した罪が軽微な場合であっても、矯正が完了していないという理由で、長期にわたって拘束される危険性があるのだ。

一九七五年のアカデミー賞主要五部門を独占した映画『カッコーの巣の上で』で問題視されたロボトミー（脳の前頭葉の一部を切除する手術）は、犯罪原因論の行き過ぎた姿である。今では、人格を破壊する「悪魔の手術」と言われ、禁止されているロボトミーだが、かつては「奇跡の治療法」としてもてはやされ、考案者にノーベル賞が授与されるほどだった。

第四の批判は、犯罪原因論は、犯罪者を重視するものなので、それに基づく政策には、被害者支援という視点が欠落してしまうというもの。犯罪原因論は、犯罪者の人格や境遇を改善しようとするが、改善されるべきはむしろ、被害者のトラウマ（心の傷）や境遇であって、被害者の犠牲の上に犯罪者を支援することは人権保障にとっては本末転倒であるというわけだ。

こうした考えでは、犯罪の発生前においても、守られるべき者は、潜在的な犯罪者ではなく、潜在的な被害者ということになる。確かに、潜在的な犯罪者の人格や境遇が改善できれば、被害者を出さずに済むが、仮にそれが可能だとしても、それには膨大な予算と時間が必要になる。その税金と歳月は、潜在的な被害者にとっては、負担しきれない金額、待ちきれない時間なのである。

このように犯罪原因論バッシングが吹き荒れ、欧米諸国の犯罪原因論は人気を失っていった。その結果、犯罪原因論が防犯の分野に持ち込まれることがなかったのである。

欧米諸国で防犯に犯罪機会論が用いられた理由

欧米諸国で、一九八〇年代、「何かしたい」「何かしなくては」と思う人が取り入れたのが犯罪機会論だ。犯罪機会論は、犯罪の機会を与えないことで犯罪を未然に防止しようとする考え方。犯罪機会論では、犯罪原因論が指摘するような、「心」や「身の上」に問題を抱えた人がいても、その人の目の前に、犯罪を行うのに都合のよい状況、つまり犯罪の機会がなければ、犯罪は実行されないと考える。要するに、「**機会なければ犯罪なし**」である。

犯罪を企てた人も、手当たりしだい、行き当たりばったりで犯行に及ぶのではない。犯罪が成功しそうな場合にのみ犯行に及ぶ。前科百犯の大泥棒も、目にした物を片っ端から盗むわけではなく、盗みが成功しそうなときに触手を伸ばすのだ。

犯罪者にとって、犯罪の成功とは当初の目的を達成すること、そして捕まらないことだ。人を傷つけたいのであれば、相手がけがをすれば目的達成。物を盗みたいのであれば、相手の物を断りなく持ち去り、自分の物にすれば目的達成だ。ただし、目的を達成しても捕まっては元も子もないので、捕まらないことも成功の重要な中身になる。犯罪の機会とは、このように犯罪が成功しそうな状況のことだ。

とすれば、犯罪者は場所を選んでくるはずである。場所には犯罪が成功しそうな場所と犯罪が失敗しそうな場所があるからだ。犯罪が成功しそうな場所とは、目的が達成できて、しかも捕まりそうにない場所である。そうした場所では、犯罪をしたくなるかもしれない。逆に、犯罪が失敗しそうな場所とは、目的が達成できそうにないか、あるいは目的が達成できても捕まりそうな場所だ。そんな場所では、犯罪をあきらめるだろう。

このように、犯罪者が場所を選んでくるとすれば、選ばれやすい場所を減らし、選ばれにくい場所を増やせば、犯罪は起こりにくくなるはずだ。そのため、犯罪機会論では、どういう場所が犯罪者から選ばれやすいのか、つまり犯罪者が犯罪に成功しそうだと思う場所の条件が研究されてきた。その結果、犯罪者が好む場所の姿が明らかになった。その姿については、第2章以降で詳しく述べる。

犯罪機会論が関心を寄せたのは、「場所」であり「人」ではない。そのため、犯罪原因論に浴びせられた批判は、以下の通り、犯罪機会論には当てはまらない。

第一に、犯罪原因論は犯罪者と非犯罪者との差異を強調して、犯罪者を特別視するが、犯罪機会論は、犯罪者と非犯罪者との差異がほとんどないことを前提としている。そのため、犯罪傾向がそれほど進んでいない人でも、犯罪が成功しそうな場所では犯罪に走りやすくなり、逆に、犯罪傾向がかなり進んでいる人でも、犯罪が失敗しそうな場所では犯罪に走りにくくなると考える。したがって、犯罪が起こる前から「人」に注目して、特定の人を犯罪者扱いすることはない。

第二に、犯罪原因論は壊れた心を治すプログラムの開発を重視するが、犯罪機会論は犯罪を行う機会の減少を重視する。心を治すことよりも、犯行に都合の悪い状況を作り出すことの方が簡単だからだ。実際、欧米諸国の統計によると、犯罪原因論は犯罪を減少させられなかったが、「犯罪原因論から犯罪機会論へ」というパラダイム・シフト（発想の転換）が起きてから、犯罪が増加から減少に転じた。

第三に、犯罪原因論は「人」の心や体に踏み込もうとするが、犯罪機会論が立ち向かうのは「場所」だ。犯罪機会論では、場所が変われば人の心も変わると考える。言い換えれば、

「心を治す」ことよりもむしろ、「心が治る」ことを重視しているのだ。したがって、治療という美名の下に人権を侵害することはない。

第四に、犯罪原因論にとっては、犯罪者だけが関心事だが、犯罪機会論にとっては、場所が関心事なので、潜在的な被害者が関心事になる。ただし、住民の中には、潜在的な犯罪者もいるので、犯罪機会論が働きかける人には、潜在的な被害者か、潜在的な犯罪者かという区別はない。犯罪が発生して初めて、誰が潜在的な犯罪者だったのかが分かるだけである。そのため、犯罪機会論では、犯罪が起こるまでは、すべての人を潜在的な被害者として位置づける。どうすれば、犯罪被害に遭わずに済むのかというのが犯罪機会論の視点なのである。

また、犯罪の原因を取り除くためには膨大な予算と時間が必要になるが、犯罪の機会は小さな取り組みでも減少する。犯罪原因論では、専門家が長期的に取り組まなければならないが、犯罪機会論なら、子どもから高齢者まで、誰でも簡単に取り組むことができる。

このように、犯罪原因論に対して指摘された問題は、犯罪機会論には存在しない。そのため、欧米諸国で犯罪原因論が後退する一方で、犯罪機会論が一般の人からの支持を順調に拡大していった。もちろん、支持を得られるだけの魅力的な理論が次々に登場した。そのラインナップについては、次章で紹介することとして、本章の最後に、私と犯罪機会論の出会いについて触れておきたい。

私が犯罪機会論に出会ったのは一九九三年。イギリスのケンブリッジ大学大学院犯罪学研究科に留学したときのことだ。それまでは法務省に勤めていたが、どうしても留学がしたく、無給でいいから一年間休職させてほしいと願い出た。しかし、休職願いは人事計画にないという理由であっけなく却下されてしまう。それでも、あきらめきれなかった私は、楽観的な性格も手伝って、法務省を退職し、イギリスに旅立った。

しかし、次の就職先が見つかっていない失業中の身。そのため、大学院での研究テーマは、就職に結びつきやすい「企業の危機管理」にした。ケンブリッジの入学試験の時点では、法務省を辞めるつもりはなかったので、研究テーマも「犯罪対策」にしていたが、官僚を辞めた以上、民間企業の就職試験に少しでもプラスになりそうなテーマに変えたのだ。

大学院初日のガイダンス。「企業の危機管理」に近い教授を探し出すはずだった。ところが、それどころではない。自分の研究分野を順番に説明する教授たちの英語がさっぱり分からないのだ。

（入学できたが、卒業できないかもしれない）

そんな思いが脳裏をよぎったとき、最後の教授が壇上に登った。幸運にも、この教授だけはその英語がよく聞き取れた。こうして選んだ教授が、イギリスにおける犯罪機会論の第一人者、アンソニー・ボトムズ教授である。もっとも、犯罪原因論しか知らなかった私は、この選択がきっかけで犯罪機会論の研究に進もうとは、その時には知る由もなかった。

ボトムズ教授からは、大学院での研究テーマを「企業の危機管理」ではなく、「日本の犯罪率が欧米に比べて低い理由」とするよう指導された。

(イギリスに来てまで、なぜ日本を研究しなければならないのか)

納得がいかず抵抗したが、「企業の危機管理」は犯罪学では中心的なテーマではなく、日本人だからこそ「日本の低犯罪率」の理由を外国人にも分かるように説明すべきだ——そういう理由で押し切られた。

しぶしぶ取り組んだテーマだったが、書き上げた論文「日本の低犯罪率の文化的考察」は、驚くことに、犯罪学研究科の大学院生四六人の中のトップ六に入る評価を受け(採点者は学外の権威で氏名は非公開)、ボトムズ教授からイギリス犯罪学会の機関誌への投稿を強く勧められた(投稿まで五年を要したが、査読を無事クリアし、活字になっている)。

その頃になってようやく、ボトムズ教授が私に「日本の低犯罪率」を研究させた意味が分かってきた。犯罪が多い理由は、「なぜ犯罪が起きたのか」という犯罪原因論に立つと理解しやすいが、犯罪が少ない理由は犯罪原因論では説明しきれない。「なぜ犯罪が起きないのか」という考察には犯罪機会論の方がなじむ。マスコミが犯罪原因論に立つのも、起きたことを伝え、起きていないことを伝えないからだ。

要するに、犯罪機会論の視点こそ、「日本の低犯罪率」の研究にふさわしかったのだ。後から分かったことだが、実際、犯罪機会論の多くは日本からヒントを得ている。だからこそ、ボトムズ教授自身も「日本の低犯罪率」に興味があったのだ。

留学するまで、犯罪原因論しか知らなかった私だが、ボトムズ教授と出会い、教授に説得されて始めた「日本の低犯罪率」の研究を通して、知らず知らずのうちに、犯罪機会論の本格的な研究へと導かれていたのである。

第2章

犯罪は「この場所」で起きる

犯罪機会論は「被害者」「犯行空間」に目を向ける学問

犯罪は、刑法、犯罪者、被害者、犯行空間という四つの要素が同時に存在する場合に成立する。犯罪学は、この順序に沿って発展してきた。前章で、犯罪学の世界には、犯罪原因論と犯罪機会論があると述べたが、四つの要素に対応させるなら、犯罪原因論は刑法と犯罪者に、犯罪機会論が被害者と犯行空間に対応する。

日本でも、少しずつであるが、被害者に関心が寄せられるようになってきた。この山を登り切れば、頂上から見えるのは犯罪機会論である。本書では、その景色をいち早くご覧いただきたい。

犯罪機会論の萌芽

「犯罪機会論の父」と称されるべきは、フランスのアンドレ・ゲリーとベルギーのアドルフ・ケトレーであろう。ゲリーとケトレーは、一八二〇年代後半から三〇年代前半にかけて、それぞれ別々に犯罪統計を分析し、窃盗の発生率は貧困地域よりも富裕地域の方が高いという、それまでの常識と異なる事実を発見した。そしてその理由として、富裕地域における窃盗の機会の多さを挙げた。

それまでの常識は、「貧困」が犯罪原因とされていたのであり、それはまさしく犯罪原因論の発想だった。しかし、ゲリーとケトレーは、犯罪の原因は「貧困」ではなく「富裕」だとし、真逆の結論を導き出した。ここに犯罪機会論の萌芽を見ることができるわけだ。

二人の犯罪機会論が一九世紀前半に登場したのは、一八二七年にフランスで初めて全国的な犯罪統計が公表され、データの利用が可能になったからである。

こうした統計学的アプローチは、一世紀を経て「シカゴ学派」に引き継がれた。シカゴ学派とは、設立間もないシカゴ大学の社会学者たちによる生態学である。この生態学的アプローチを犯罪問題に適用したのが、クリフォード・ショウとヘンリー・マッケイだ。彼らは非行少年の居住地の分布を調べ、最も非行者率の高い地帯がインナーシティ(都心近接部)であることを発見した。

しかし、これは犯罪機会論とは言えない。なぜなら、彼らは、ゲリーとケトレーが分析の対象にした「犯罪」の発生率を、「犯罪者」の居住率に置き換えたからだ。これでは、場所に注目する犯罪機会論というよりも、むしろ人に注目する犯罪原因論に近いアプローチになってしまう。その結果、犯罪機会論は犯罪学の舞台から姿を消し、長い眠りに入った。

犯罪機会論の確立

犯罪機会論という眠れる獅子の目を覚まさせたのは、アメリカの運動家ジェイン・ジェイコブズである。ジェイコブズは、一九六一年に『アメリカ大都市の死と生』を著し、当時の都市開発の常識であった「住宅の高層化」に異議を唱えた。高層住宅は、「近代建築の父」と呼ばれるフランスのル・コルビュジエが提唱した都市計画の手法。密集した住宅を高層化することで、緑豊かなオープンスペースを新たに作り出すことを目指すものだ。しかし、ジェイコブズは、そうした機械仕掛けの都市は犯罪を誘発すると警鐘を鳴らした。

彼女によると、都市の安全を守るのは街路であり、街路の安全を守るのは「街路への視線」だという。そして①視線を注ぐべき公共の場所と視線を注ぐべきではない私的な場所とが明確に区別され、②路上が見える窓や道路沿いの店がたくさんあり、③近所付き合いによって住民の多くが見て見ぬふりをしないようになっていれば、街路への視線は十分に確保されると主張した。

この主張には、後に詳しく述べるが、犯罪機会論の二大要素、**領域性（入りにくさ）**と**監視性（見えやすさ）**が含まれている。ジェイコブズが犯罪発生のメカニズムに気付いたのは、犯罪の専門家でなかったからなのかもしれない。犯罪学者だったら、当時の常識である犯罪原因論にとらわれていたはずだからだ。アインシュタインの言葉「常識とは、一八歳までに心にたまった先入観の堆積物にすぎない」は、犯罪学者にも当てはまるのだ。

ジェイコブズが予測した通り、高層住宅の象徴であったセントルイスのプルーイット・アイゴー団地も犯罪の巣と化していった。この団地はニューヨークの世界貿易センタービルで有名なミノル・ヤマサキが設計したもので、当時は脚光を浴びていた。しかし、最終的には爆破解体せざるを得なかった。一九七二年のことである。

この悲劇をセントルイスで目撃したのが、ワシントン大学の講師で建築家のオスカー・ニューマンだ。彼はニューヨーク大学に移った後、一九七二年に『防御可能な空間―防犯都市設計』を著し、居住空間を防御可能にするためには、①縄張り意識、②自然監視性、③愛着、④商業施設や公共施設との近接性、という四点に配慮した物理的デザインが必要であると主張した。

彼によると、「縄張り意識」は、境界を画定したり、敷地を分割したりすることで高まるという。また「自然監視性」を高めるには、窓の配置や向きが特に重要であり、建物の外観を画一的でなく美しく仕上げれば「愛着」がわくという。要するにニューマンの主張は、空間のレイアウト次第で空間をコントロールする自信と意欲が居住者の間に生まれるということだ。こうして、ジェイコブズが都市景観の中に見出した防犯の要素は、ニューマンによって防犯建築の手法へと具体化された。

この「防御可能な空間」からスピンオフしたのが「防犯環境設計」の理論だ。もっとも、防犯環境設計という言葉を作り出したのは、ニューマンが前述書を著す一年前、一九七一年にこの言葉をそのまま書名に使ったフロリダ州立大学のレイ・ジェフリーである。ただし、ジェフリーは、犯罪は個人と環境との相互作用の産物で、それを媒介するのは脳だとし、環境が行動に直接影響するわけではないとしたため、注目されなかった。その結果、防犯環境設計は、その命名者の理論から離れ、ニューマンの理論を基盤にして発展することになった。

防犯環境設計の四手法

一九九〇年代まで、防犯環境設計は物理的環境に焦点を合わせてきたが、二一世紀の幕開けとともに心理的環境も取り込むようになった。ただし、理論の世界だけでなく、実践の世界でも多くの人が防犯環境設計にかかわってきたため、確立した定義はない。ただ、その発展の最大の功労者と言われるルイビル大学のティモシー・クロウは、「アクセスコントロールと監視性が、物理的設計プログラムの主要なデザインコンセプトである」と述べている。

にもかかわらず、日本の自治体や警察のウェブサイトを見ると、表面的には防犯環境設計が紹介されているものの、その解説は間違ったものばかりだ。日本では、防犯環境設計の四手法として、「対象物の強化」「接近の制御」「自然監視性の確保」「領域性の確保」を挙げているが、海外ではそうした例はない。

例えば、「対象物の強化」は、アメリカ生まれの防犯環境設計の要素ではなく、後述するイギリス生まれの状況的犯罪予防の手法だ。また、ソフト的な要素が「領域性の確保」に限定されていることは大問題である。例えば、「対象物の強化」でも、ソフト面が弱ければ防犯効果は期待できない。自転車にカギを取り付けても、カギをかけ忘れれば、盗まれやすいままである。つまり、ハード的な要素だけでは解決できないのだ。「自然監視性の確保」もハード面に限定されているが、住民が見て見ぬ振りをすることと、つまり地域への無関心といったソフト面の問題を扱えない。

こうした不整合が生じたのは、学術的な定義が政策的な配慮によって歪められたからである。警察庁と建設省（当時）が防犯環境設計の採用を検討し始めた当時、ピッキング対策の強化を求める強い声を受け、それに応える形で「対象物の強化」を無理やり押し込んだのだ。当時の委員会のメンバーが、そう証言している。ピッキングの流行が下火になった現在、日本独自の定義を見直し、グ

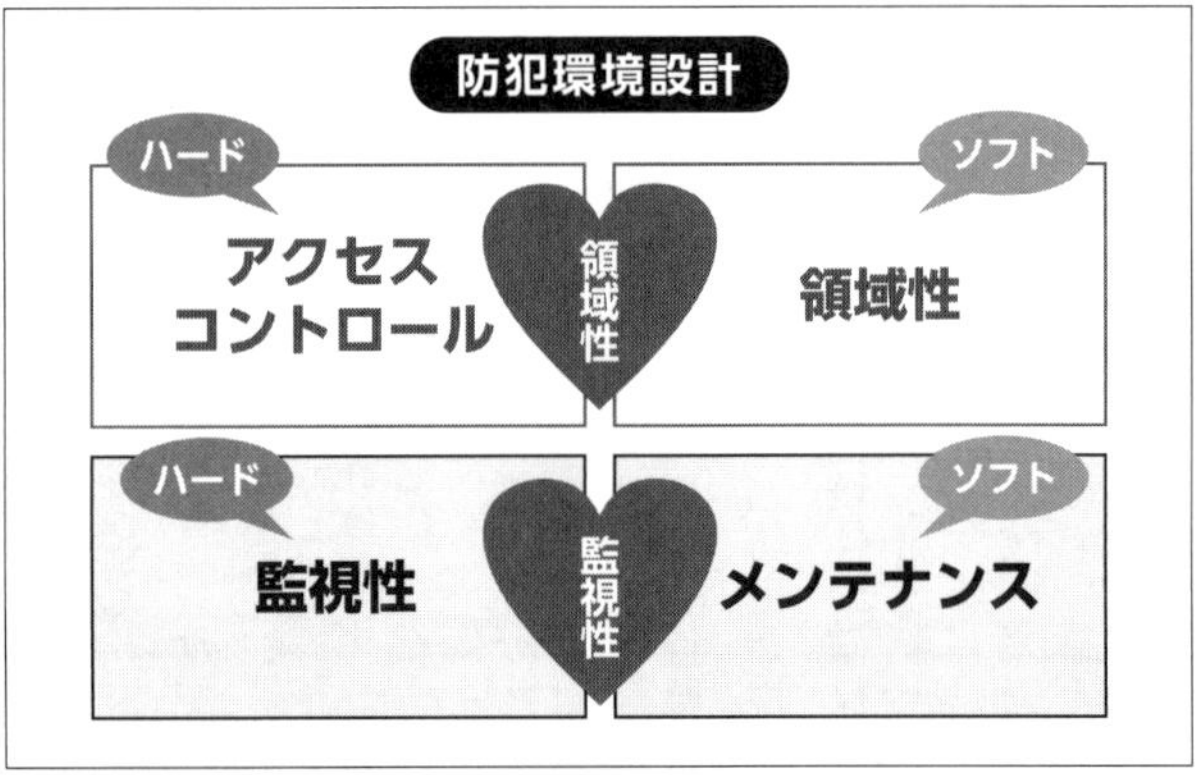

図表1　防犯環境設計の四手法

ローバル・スタンダードに準拠することが望まれる。

通常、海外で防犯環境設計の四手法と呼ばれているのは、「領域性（ソフト面）」「監視性（ハード面）」「アクセスコントロール（領域性のハード面）」「メンテナンス（監視性のソフト面）」である（図表１）。なお、日本でも、富山県が二〇二〇年に制定した「防犯上の指針」は、正しい防犯環境設計に基づいている。

各地で芽吹く犯罪機会論

アメリカで防犯環境設計が誕生したころ、イギリスでも犯罪機会論が芽を吹いた。その舞台となったのは、イギリス内務省だ。当時の内務省でも犯罪原因論が主流だったため、研究の焦点は再犯防止プログラムの開発に置かれていた。その一環として、少年院から逃走した少年の性格について、その特徴を明らかにしようとする調査が行われた。逃走それ自体が再犯と見なされるからだ。

しかし、この研究は失敗に終わった。逃走を予測できるような人格的な特徴は、発見されなかったのだ。だが、この研究は思わぬ副産物をもたらした。それは、逃走率が少年院ごとに異なるのは、施設の物理的環境や管理体制に違いがあるからという知見だ。この結果は、一九七一年に内務省の報告書『少年院からの逃走』にまとめられた。

犯罪者の性格よりも、犯行の場所に注目した方が、犯罪発生の条件を洗い出しやすいことに気付いたイギリス内務省の研究官は、そのアプローチで様々な犯罪問題に取り組むようになる。その中心にいたのが、後にラトガース大学（アメリカ）の教授となるロナルド・クラークだ。クラークらの研究は、一九七六年に内務省の報告書『機会としての犯罪』として実を結んだ。これが「状況的犯罪予防」の発端である。

状況的犯罪予防

状況的犯罪予防の基礎は、アメリカのノーベル賞経済学者ゲーリー・ベッカーらの「合理的選択理論」だ。そこでは「いかなる意思決定においても、人は自らの満足度が最大になるように行動を決定する」と考える。したがって、犯罪についても、犯行による利益と損失を計算し、その結果に基づいて合理的に選んだ選択肢が犯罪ということになる。

この視点からクラークらは、犯行のコストやリスクを高めたり、犯行のメリットを少なくしたりする方策の体系化に取り組んだ。その成果が、一九八〇年に出版された内務省の報告書『デザインによる防犯』である。

この報告書の中で、八つの状況的犯罪予防の手法が紹介された。もっとも、その後の研究の進展に伴って状況的犯罪予防は精密さを増し、二〇〇三年には二五の手法にまで増えた。これらの手法は、大きく五つのグループに分類されている。

第一のグループは犯行を難しくすること。例えば、イモビライザー（電子式エンジンキー）によるターゲットの強化、身分証カードによるアクセスコントロール、イギリスで販売されている突き刺せないキッチンナイフなどだ。

第二のグループは捕まりやすくすること。例えば、警備員やビデオカメラなどによる監視、内部告発者の支援、学校制服の採用などだ。

第三のグループは犯行の見返りを少なくすること。例えば、現金取り扱いの廃止、盗品市場の解体、落書きの消去などだ。

第四のグループは挑発しないこと。例えば、混雑を緩和するため座席数を増やしたり、料金をめぐるトラブルを回避するためタクシー運賃を定額にしたりすることだ。

第五のグループは言い訳しにくくすること。例えば、ルールや手続きを明確にしたり、注意事項を掲示したりすることだ。

こうした英米での、どちらかと言えば、実務的な取り組みに触発され、犯罪学本来の世界でも、犯罪機会論の研究が始まった。まず登場したのが、ラトガース大学（アメリカ）のマーカス・フェルソンを主唱者とする「日常活動理論」だ。フェルソンがイリノイ大学にいた一九七九年に発表した論文に端を発する。

日常活動理論と犯罪トライアングル

日常活動理論は、日常生活における合法的な活動の変化が犯罪発生率を変化させると考える。それは、犯罪が①犯罪の動機を抱えた人、②格好の犯行対象、③有能な守り手の不在という三つの要素が同時に重なる場所で発生するからだという。

日常活動理論は、その後シンシナティ大学のジョン・エックによって、対策に応用しやすい「犯罪トライアングル」へと進化した**（図表2）**。それによると、内側の三角形は犯罪を発生させる要素を示し、①犯罪者、②被害者、③場所という三辺から成る。一方、外側の三角形は犯罪を抑制する要素を示し、①犯罪者の監督者（親や教師など）、②被害者の監視者（同僚や警察官など）、③場所の管理者（店主や地主など）という三辺で構成される。

日常活動理論が主張するように、人々の合法的な活動が犯罪の発生に関係するなら、潜在的な犯罪者の合法的な活動自体も、犯罪の発生に影響を及ぼしているはずだ。そこに注目したのが、サイモンフレーザー大学（カナダ）のパトリシアとポールのブランティンガム夫妻である。

犯罪パターン理論と地理的プロファイリング

ブランティンガム夫妻は、『環境犯罪学』（一九八一年）や『犯罪のパターン』（一九八四年）で、社会学的想像力だけでなく、地理学的想像力も働かせるべきとして、「犯罪パターン理論」を提唱した。

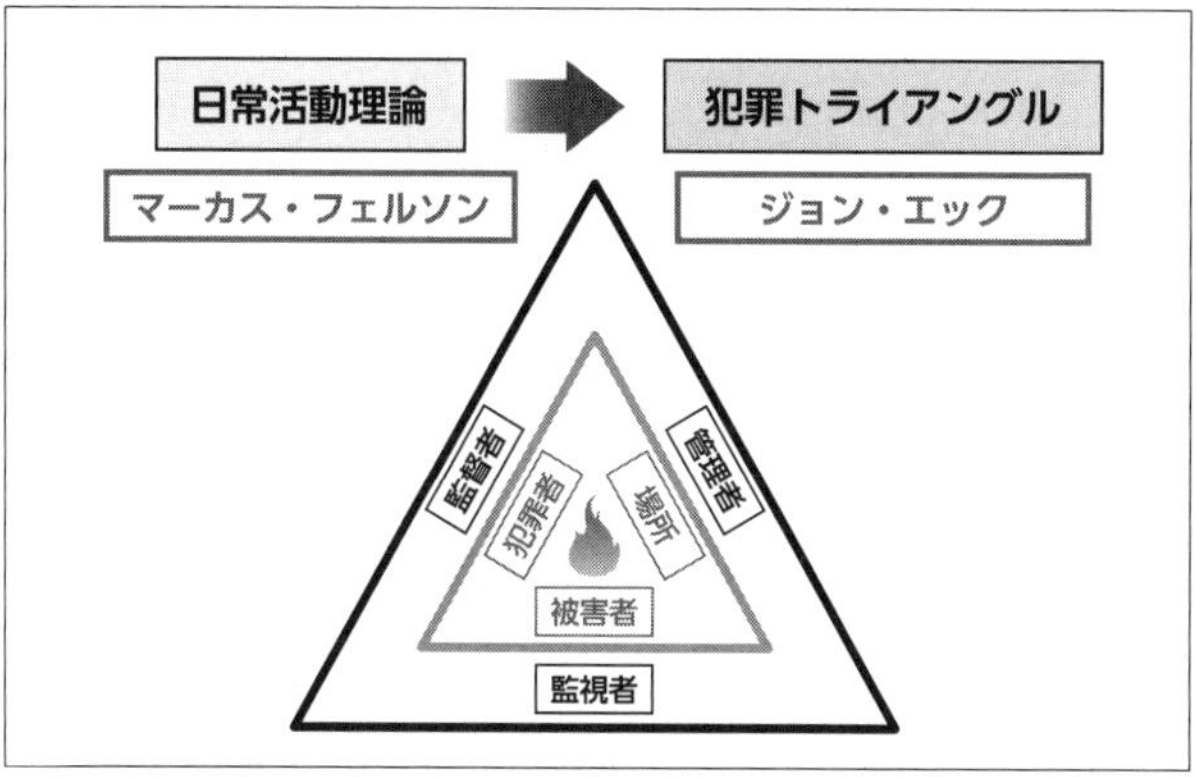

図表2　日常活動理論と犯罪トライアングル

ちなみに、「環境犯罪学」という言葉を作り出したのも、二人の恩師である前出のジェフリーである。

犯罪パターン理論は、潜在的犯罪者のメンタルマップ（頭の中の地図）上のサーチエリア（標的を探す地域）と犯罪機会が重なる場所で犯罪は発生するという。具体的には、①自宅、職場（または学校）、商店街・歓楽街という三つの日常活動の起終点、②これら三つの活動拠点を結ぶ三つの経路、③活動拠点や経路が互いに隣接する境界が、潜在的犯罪者にとって「狩り場」になると主張する（**図表3**）。

このように、犯罪パターン理論は犯罪を企図する者の日常活動から犯行地点を推測するものだが、それを逆転させ、犯行地点から犯罪実行者の日常活動を推測するのが「地理的プロファイリン

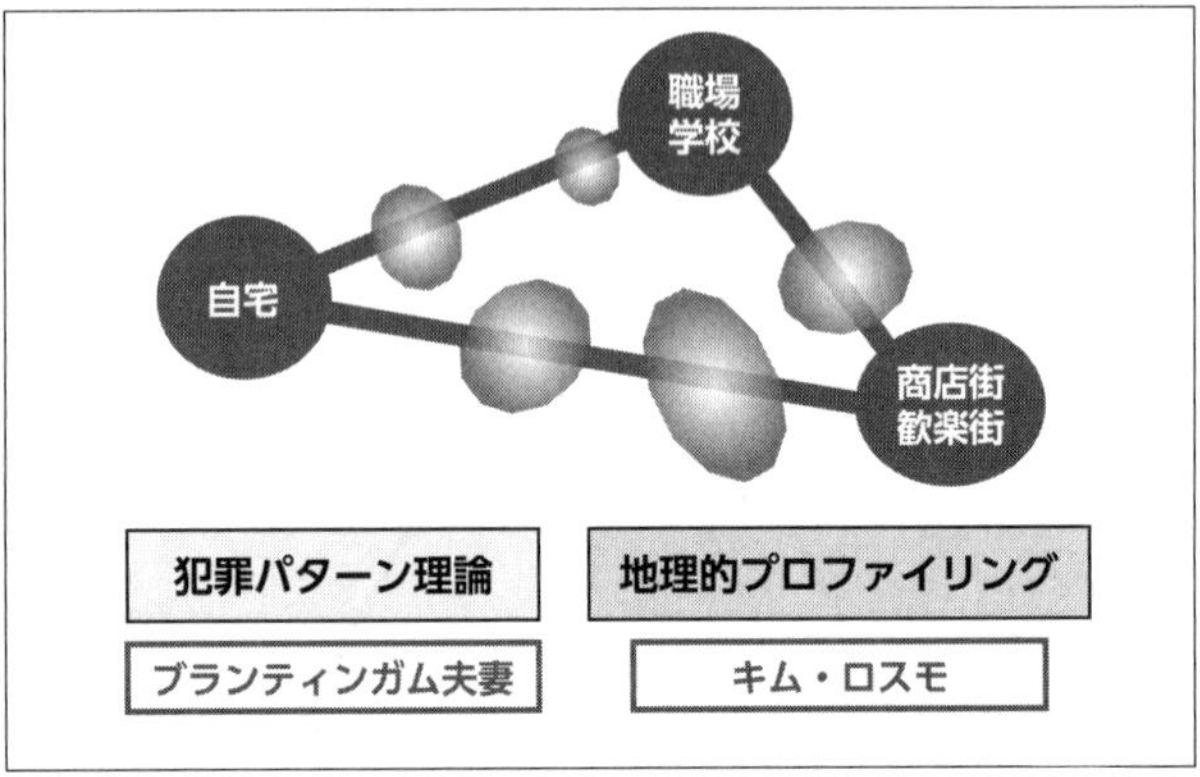

図表3　犯罪パターン理論と地理的プロファイリング

グ」だ。地理的プロファイリングは、ブランティンガム夫妻の教え子であるテキサス州立大学のキム・ロスモが開発した。今や世界中で利用されている捜査手法だ。

「割れ窓理論」を正しく知る

ここまで述べてきた防犯環境設計と状況的犯罪予防は、実務的・ミクロ的な視点であり、日常活動理論と犯罪パターン理論は、理論的・マクロ的な視点であるが、その中間に位置するのが「割れ窓理論」である。ハーバード大学研究員（後にラトガース大学教授）のジョージ・ケリングが一九八二年に発表した理論だ（**写真1**）。

写真1　ジョージ・ケリング教授（右）と筆者

割れ窓理論が言う「割れた窓ガラス」とは、管理が行き届いておらず、秩序感が薄い場所の象徴である。言い換えれば、「割れた窓ガラス」は地域社会の乱れやほころびを表す言葉であり、その背景に地域住民の無関心や無責任があることを想像させる。この「割れた窓ガラス」というメタファー（象徴）を考え出したのは、ケリングに論文の共同執筆を誘いかけ発表の機会を与えた、当時のハーバード大学教授ジェームズ・ウィルソンだ。

ケリングは、かつて自身が訪問した日本の交番が、割れ窓理論のアイデアに結びついたと述べている。確かに交番の役割は、犯罪原因論に基づく犯人逮捕というよりもむしろ、犯罪機会論に基づく地域支援である。アメリカ生まれの割れ窓理論のルーツは、意外にも日本にあるようだ。

地域の乱れとしては、施設の割れた窓ガラスのほかにも、例えば、落書き、散乱ゴミ、放置自転車、廃屋、伸び放題の雑草、不法投棄された家電ゴミ、野ざらしの廃車、壊れたフェンス、切れた街灯、違法な路上駐車、公園の汚いトイレなどが挙げられる。

こうした秩序の乱れを、割れ窓理論は重視する。それは、「悪のスパイラル」と呼ばれる心理メカニズムを信じているからだ。秩序の乱れという「小さな悪」が放置されていると、一方では人々が罪悪感を抱きにくくなり、他方では不安の増大から街頭での人々の活動が衰える。そのため、「小さな悪」がはびこるようになる。そうなると、犯罪が成功しそうな雰囲気が醸し出され、凶悪犯罪という「大きな悪」が生まれてしまうというわけだ。

割れ窓理論から取り組まれた事例のうち、最も有名なのがニューヨークの地下鉄での強盗対策だが、その説明は第４章で行う。この事例以外にも、割れ窓理論を取り入れて成功したとされる事例は枚挙にいとまがない。そのため、割れ窓理論は海を渡り、イギリスでは、割れ窓理論が重視する「秩序の乱れ」が法律の名前に採用されるに至った。一九九八年の「犯罪及び秩序違反法」だ。日本でも、『水文・水資源学会誌』で、水質汚濁が著しい河川の流域ほど犯罪発生率が高いという分析結果が報告されている。

しかし、割れ窓理論に対しては批判も多い。もっとも、そのほとんどは誤解に基づいている。例えば、割れ窓理論は軽微な秩序違反行為を容赦なく取り締まるゼロ・トレランス(不寛容)型の警察活動を推進するので、エスニック・マイノリティーを過剰に取り締まる人種差別的な治安維持に結びつくとする主張がある。しかし、ケリングも、割れ窓理論を実践した元ニューヨーク市警本部長ウィリアム・ブラットンも、割れ窓理論とゼロ・トレランスとは別物だと明言している。彼らによると、割れ窓理論における警察の役割はコミュニティ支援だという。

また、勘違いに基づく実験を根拠に批判されることもある。例えば、静岡県立大学のグループが行った実験では、落書きを消しても犯罪は減らなかったと報告された。しかし、この実験には、実験者自身が落書きを消すという重大なミスがあった。割れ窓理論が落書きの放置を重視するのは、背景に地域住民の無関心や無責任が見て取れるからである。つまり、住民自らが落書きを消すよう働きかけなければ、地域の防犯力が向上しないのは当然だ。研究者自身が落書きを消して、さも住民の関心が高いかのように見せかけても、無関心のシグナルはほかにもたくさんあるので、犯罪者はそれを見つけることができてしまう。

犯罪抑止の三要素

ここまで犯罪機会論の重要な個別理論を説

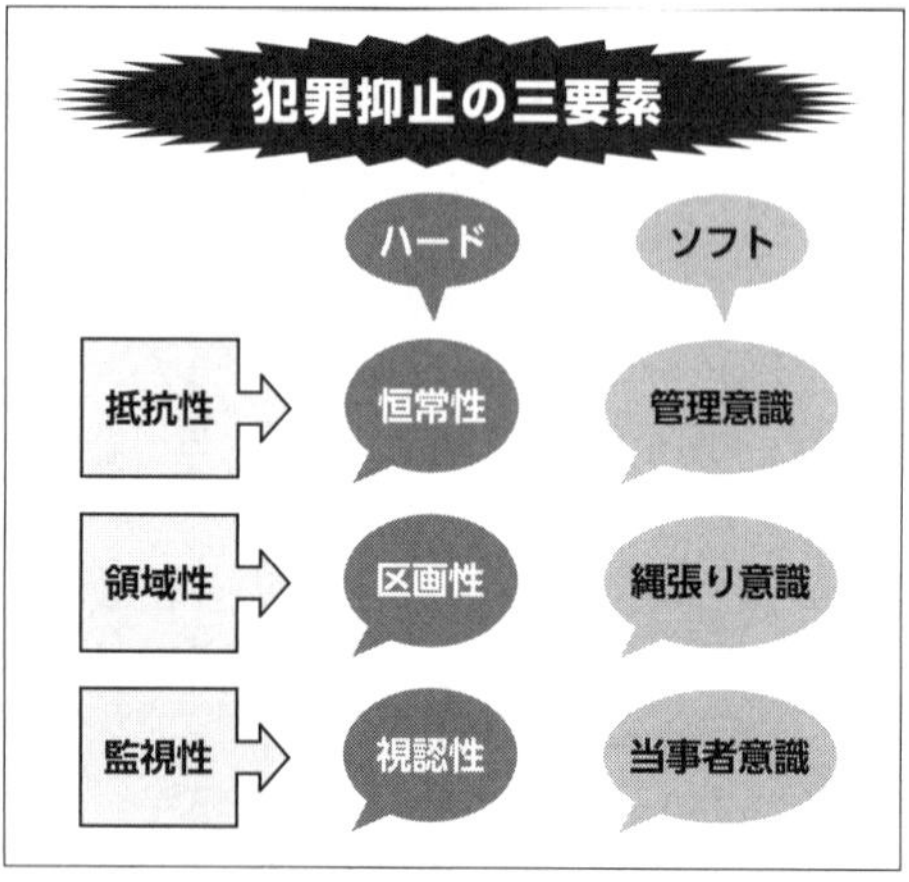

図表４　犯罪抑止の三要素

明してきたが、こうした抽象的な理論を知っているだけでは犯罪機会を減らすことは難しい。実際に犯罪機会を減らすには、誰でも、いつでも、どこでも理論を実践できることが必要だ。そこで私が考案したのが「犯罪抑止の三要素」（**図表４**）である。個別の犯罪機会論を統合するとともに、その内容を単純化し、日常生活で手軽に活用できるようにしたものだ。

一つ目の「抵抗性」とは、犯罪者の標的、つまり潜在的な被害者・被害物に関する要素で、犯罪者から加わる力を押し返す性質のことだ。犯罪行為に対抗する強度と言える。抵抗性は、物理的な「恒常性」と心理的な「管理意識」から構成される。

このうち、恒常性とは、一定していて変化しない状態のこと。それを高める手法としては、ロック（錠）、マーキング（印付け）、強化ガラス、防犯ブザー、非常ベルなどがある。

一方、管理意識とは、望ましい状態を維持しようという意思のこと。それを高める手法としては、リスクマインド、指差確認、整理整頓、健康管理、情報収集、護身術などがある。

このように、抵抗性は一人ひとりが高める性能であり、したがって「個別的防犯」の手法と言える。これに対して、領域性と監視性は人々が協力して高める性能であり、したがって「集団的防犯」の手法だ。

二つ目の「領域性」とは、犯罪者の標的の周辺環境に関する要素で、犯罪者の力が及ばない範囲をはっきりさせる性質のことだ。つまり、犯行対象へのアプローチの難易度である。領域性は、物理的な「区画性」と心理的な「縄張り意識」から構成される。

このうち、区画性とは、境界を設けてほかから区別されている状態のこと。それを高める手法としては、ガードレール、フェンス、ゲート、ハンプ（凸部）、ゾーニング、チェーンスタンド、フィルタリングパーティションなどがある。

一方、縄張り意識とは、犯罪者の侵入を許さないという意思のこと。それを高める手法としては、パトロール、民間交番、防犯看板、受付記帳、手荷物検査、警備員配置などがある。

区画性が標的への接近を妨げる客観的なバリアなのに対して、縄張り意識は標的への接近を妨げる主観的なバリアである。

三つ目の「監視性」とは、犯罪者の標的の周辺環境に関する要素で、犯罪者の行動を見張り、犯行対象を見守る性質のことだ。つまり、犯罪行為が目撃される可能性である。監視性は、物理的な「視認性」と心理的な「当事者意識」から構成される。

このうち、視認性とは、周囲からの視線が犯罪者に届く状態のこと。それを高める手法としては、ガラス張り、植栽管理、カメラ、ライト、ミラー、モニター付きインターホン、トレーサビリティー（履歴管理）などがある。

一方、当事者意識とは、主体的にかかわろうという意思のこと。それを高める手法としては、清掃活動、あいさつ運動、ボランティア活動、ルールづくり、市民性教育、投書箱設置などがある。視認性が犯行をためらわせる客観的な視線なのに対して、当事者意識は犯行をためらわせる主観的な視線である。

これが犯罪抑止の三要素である。したがって、抵抗性、領域性、監視性が高ければ高いほど、犯行に都合の悪い状況が広がり、犯罪の機会が減る。逆に、抵抗性、領域性、監視性が低ければ低いほど、犯行に都合のよい状況が広がり、犯罪が起こりやすくなる。

犯罪抑止のメカニズム

では、犯罪を企図する者は、犯罪抑止の三要素によって、どのようにして犯行をあきらめるのか。そのメカニズムを図式化すると、**図表5**のようになる。まず、物理的・心理的なバリア（領域性）があれば標的への接近を防げる。次に、犯罪者が標的の勢力圏の内側に入り込んでも、目撃される可能性（監視性）が高ければ犯行に移る動きを阻止できる。さらに、犯罪者が標的に近づいて犯行に及んでも、犯行に対抗する強度（抵抗性）が高ければ被害を防げる。

ここで犯罪抑止の三要素の枠組みを使って、いくつかの事例を考えてみたい。

恒常性を高める例としては、最も分かりやすいのがカギだ。引き出しや自転車にカギを取り付ければ、引き出しや自転車が動かしにくくなり、窃盗の機会が減る。ほかにも、自動車にハンドル・ロックを装着すれば、自動車盗の機会が減り、自転車の前かごの上をカバーで覆えば、ひったくりの機会が減る。また、タクシーの運転席の後ろや銀行のカウンターに透明な仕切り板を設ければ、強盗の機会が減る。持ち物に名前を書いたり、自転車

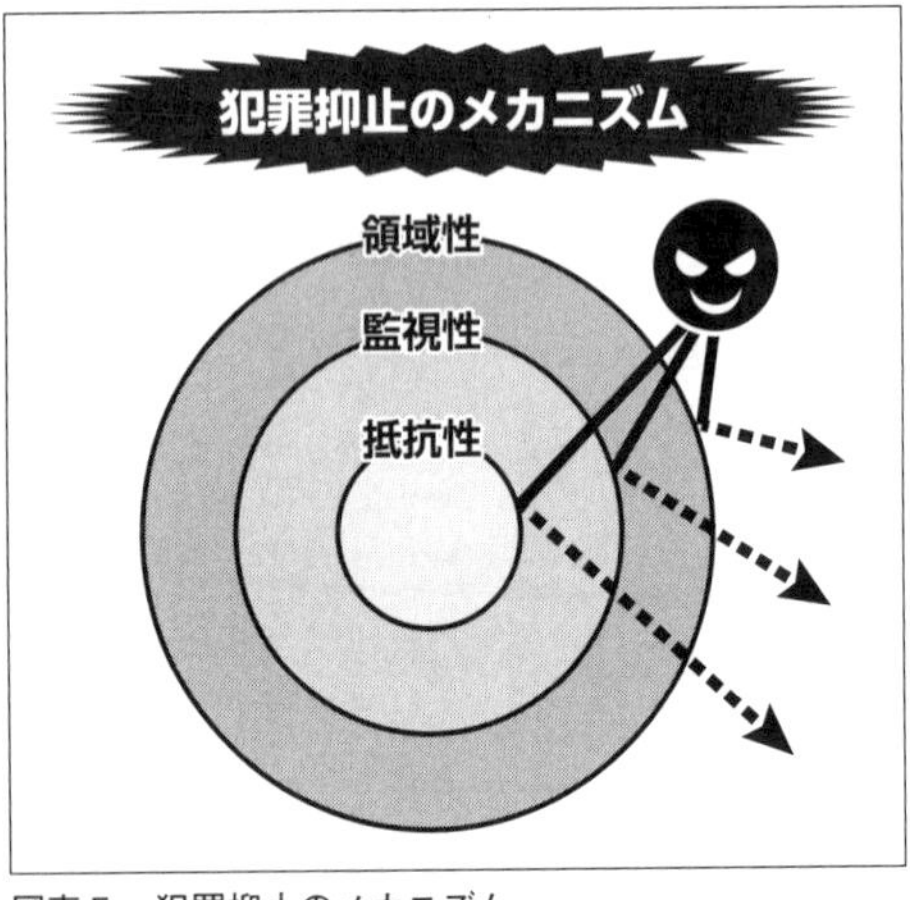

図表5　犯罪抑止のメカニズム

に防犯登録ステッカーを貼ったりすることも、所有関係を変えにくくするので、恒常性を高める。

さらに、恒常性を高める工夫は、犯罪者が狙う物だけでなく、犯行に使う物に対して施すこともできる。例えば、居酒屋がプラスチック製のコップを採用すれば、ガラス製のコップよりも割れにくいので、酔っ払いがけんか相手にコップで傷を負わす機会が減る。実際、イギリスのパブでは、酔っ払って暴れるフーリガンが傷害事件を起こさないように、サッカーの試合がある日には、ビールジョッキをガラス製からプラスチック製に替えていたりする。

図表4からも分かるように、抵抗性は、ハードな要素とソフトな要素が相まって高められる。したがって、ハード面で恒常性を高めてもソフト面の管理意識が低ければ、抵抗性が高いとは言えない。例えば、引き出しにカギを取り付けても、貴重品を引き出しにしまい忘れれば、盗まれやすいままだ。自転車にカギを取り付けても、カギをかけ忘れれば、抵抗性は高まらない。持ち物に名前を書いても、どこかに置き忘れれば、犯罪者の標的にされてしまう。

ひったくりを防ぐために、自転車の前かごの上をカバーで覆っても、そのカバーの上にハンドバッグを置き続ければ、ひったくられやすいままだ。実際、「被害者が自転車で走行中、後ろから来た原付に乗った二人組の犯人に追い越しざま前カゴのひったくり防止カバーの上に置いていた手提げカバンをひったくられる」と報じられたことがあった。これでは、せっかくのひったくり防止カバーも、抵抗性を高めることはできない。

逆に、管理意識が向上すれば、恒常性が変わらなくても、抵抗性は高まる。例えば、散らかっていた机の上を整理整頓すれば、そこから盗めばすぐに分かるので、盗まれにくくなる。つまり、整理整頓は抵抗性を高める。

もっとも、**図表4**でも明らかなように、抵抗性だけでは守りが脆弱だ。領域性と監視性によって、備えを固めた方が堅固な守りになる。敵と味方の関係も、抵抗性が発揮される場面では、基本的には「一対一」。「マンツーマン・ディフェンス」であり「自助」である。これに対し、領域性と監視性が発揮される場面では、味方は何百、何千のはずだ。「ゾーン・ディフェンス」であり「共助」「公助」である。つまり、抵抗性という「個人で防ぐ」に加えて、領域性と監視性という「場所で防ぐ」が組み込まれて、初めて理想的な防犯対策と言える。

しかも、領域性と監視性の視点からは、備えを幾重にも固めることができる。「多層防御」

である。犯罪を企図した者によって第一層が破られても、第二層、第三層という形で侵入を食い止め、守りを崩されないようにする手法だ。

今も残るトルコのテオドシウスの城壁は、多層防御のお手本だ（**写真2**）。東ローマ帝国（ビザンチン帝国）の首都コンスタンティノープル（現在のイスタンブール）を守るため、テオドシウス二世によって五世紀に建造され、一〇〇〇年の長きにわたって難攻不落を誇った。その構造は、内壁、外壁、堀壁（木柵と外堀）という三重で、まさに多層防御である。

海外の城にある「らせん階段」は、上から見て時計回り、つまり階段を上がるとき右手が中心に近づくように作られている。人の九

写真2　テオドシウスの城壁（トルコ）の多層防御

割が右利きであることや、右手に剣、左手に盾を持って戦っていたことなどを考えると、この構造なら、階段の下から攻めてくる敵軍は、軸柱が邪魔になって剣を自由に振り回せないが、階段の上で迎え撃つ自軍はそれができる。これも多層防御のアイデアだ。

日本の城も、内堀、中堀、外堀と石垣に囲まれ、多層防御を実現している。一歩で一段上がれないよう幅広く作られた石段や、Uターンする道、天井からやりを突き出せる門なども、多層防御の構成要素だ。

防犯はリスク・マネジメントでないといけない

犯罪抑止の三要素では、標的への接近を妨げる主観的なバリアとして、縄張り意識という用語を使ったが、「縄張り」という言葉は、城地に縄を張って城郭や城門の配置を決めたことから、城の設計という意味で使われていた。さらに古くは、「縄張り」は、自分が植えた稲を他人から守るために、田に縄を張りめぐらせて境界を定めることを意味していた。

現在では、好ましくない意味で使われることが多い「縄張り」だが、本来は「場所で防ぐ」という発想と切っても切れない関係にある。つまり、多層防御の発想に通じるのだ。

もし城の重臣たちが抵抗性の発想しか持っていなければ、城を築かないまま殿様に刀を渡して事足りるとするだろう。そんな愚かな家臣はいなかったが、今の日本には、実際そうした人たちがいる。防犯ブザーを子どもに渡して事足りるとしているからだ。子どもには防犯ブザー、殿様には刀と、イメージが重なるではないか。

子どもの防犯といえば、「防犯ブザーを鳴らそう」「大声で助けを呼ぼう」「走って逃げよう」といったマンツーマン・ディフェンスばかりなのが日本の現状だ。これは、襲われたらどうするかという「クライシス・マネジメント」である。対照的に、ゾーン・ディフェンスは、襲われないためにどうするかという「リスク・マネジメント」だ。子どもの防犯では、犯罪機会論に基づく「地域安全マップづくり」がその手法であるが、正しく実施している学校は少ない。

日本で普及しているクライシス・マネジメントは、リスク・マネジメントに比べ、子どもが助かる可能性は低い。リスクは「危険」であり、犯罪が起きる前の話だが、クライシスは「危機」であり、犯罪はすでに起きている。例えば、学校で火災が発生したとき、火が燃え広がるのを防ぐために散水スプリンクラーを設置しておくのがリスク・マネジメントであり、みんなでバケツの水をかけるのがクライシス・マネジメントである。

犯罪機会論という「科学」は、最悪の事態を想定するので、追い込まれる前のリスク・マネジメントに結びつく。反対に、「犯罪者に出会っても、がんばれば何とかなる」という「精神論」は、事件が起こってからの対応なので、追い込まれた後のクライシス・マネジメントに結びつく。

このように、望ましい対策はリスク・マネジメントであり、そこでは領域性と監視性が極めて重要になる。領域性が低い場所とは、分かりやすい言葉を使えば、「入りやすい場所」のことだ。誰もが「入りやすい場所」では、犯罪者も簡単に、怪しまれずに安心して、標的に近づける。また、「入りやすい場所」では、誰にも邪魔されずに犯罪を始めることができる。そのため、そこには、目的が達成できそうな雰囲気が漂う。

さらに、入りやすいということは、逃げやすいということでもあるので、「入りやすい場所」では、犯行後すぐに逃げられそうで、捕まりそうな雰囲気がない。したがって、「入りやすい場所」は、犯罪者にとっては好都合な場所であり、犯罪者に狙われる場所になる。

一方、監視性が低い場所とは、分かりやすい言葉を使えば、「見えにくい場所」のことだ。誰からも「見えにくい場所」では、犯罪者は容易に、気付かれないまま安心して、たたずむことができるので、標的を探すことも、犯罪を始めるタイミングを計ることも容易だ。

また、犯行が見つからなければ、誰にも邪魔されずに犯罪を完結できる。そのため、そこには、犯罪の目的が達成できそうな雰囲気が漂う。

さらに、誰からも「見えにくい場所」では、犯行が目撃されにくく、警察に通報されることもなさそうで、捕まりそうな雰囲気がない。したがって、「見えにくい場所」も、犯罪者から選ばれやすい場所になる。

このように、誰もが入りやすく、誰からも見えにくい場所は、犯罪者も入りやすく、犯行が見えにくい場所なので、犯罪者に好まれる場所だ。逆に、誰もが入りにくく、誰からも見えやすい場所は、犯罪者も入りにくく、犯行が見えやすい場所なので、犯罪者に嫌われる場所である。

防犯にとって、まず必要なことは、犯罪者が好む場所、言い換えれば、犯罪が起きやすい場所を見極める基準として、「入りやすい」「見えにくい」というキーワードを意識することだ。この二つのキーワードこそ、犯罪機会論の中核的概念なのである。

この「入りにくさ」「見えやすさ」をキーワードにして多層防御を講じるので、具体的な姿には多種多様なものがある。そのすべてを網羅することはできないが、以下では、典型的な姿を、実際の事件現場を例にして説明したい。その現場が、危険な「入りやすく見えにくい場所」だったかどうかが考察の対象だ。

ケーススタディ①　不特定多数の人が集まる場所は「入りやすく見えにくい」

最初に取り上げる事件は、西宮女児誘拐事件（二〇〇六年）だ。二歳の女児が女性看護師に連れ去られ、後頭部に重傷を負った状態で、公園のベンチに放置された事件である。この事件を取り上げるのは、犯罪原因論的な対策と犯罪機会論的な対策の違いがはっきりと分かるからだ。

誘拐した女性看護師は、六月に一歳の男児を、七月に三歳の女児を、いずれも「迷子」として現場近くの百貨店の警備員に届けていた。そのため、百貨店では、迷子を連れて来た人物を「不審者」として把握し、警察署にも相談していた。

この段階で、「不審者」という言葉を使うのは、前述したように、正しい定義に従った使い方だ。つまり、この段階の人物こそ、「連れ去ったのではないかと疑わしく思える者」、あるいは、「連れ去るのではないかと疑わしく思える者」と見なすことができるのだ。

こうして、百貨店は不審者を発見することができた。しかも、この女性が買い物をした売り場の伝票から、百貨店は、彼女の氏名と住所を確認することもできた。しかし、それでも、この事件を防げなかった。

百貨店としては、この女性が親切心から本当の迷子を保護したのかもしれないので、個人情報である住所や名前を警察には伝えなかった。確かに、迷子を連れて来ただけで不審者扱いされるのであれば、迷子を助けたりはしなくなる。警察も、不審者を特定できず、被害も発生していないので、何も手を打てなかった。

このように、仮に不審者を発見できても、その段階では、「犯罪行為を実行した」と断言することはできず、「犯罪行為を実行する」と予測することもできない。そのた

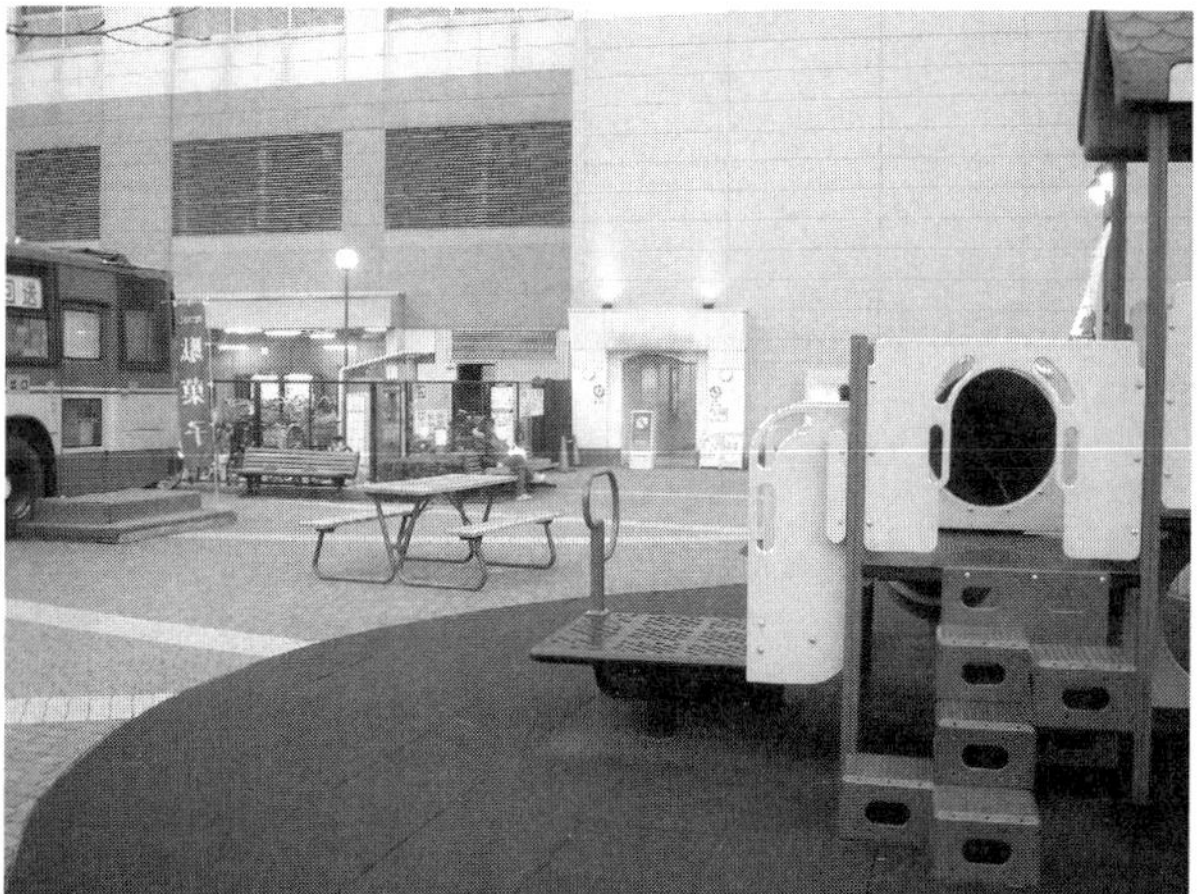

写真３　駅前広場の遊び場（事件当時）

め、次の一手を打てない。要するに、「人」に注目する犯罪原因論では、結局、効果的な予防対策を実現するには至らないのだ。

しかし、「場所」に目を向ける犯罪機会論であれば、効果的な予防対策を実現できる。つまり、西宮女児誘拐事件も防げた可能性がある。

この事件で、誘拐現場となったのは、女児が遊んでいた、駅前広場だ（**写真3**）。そこには遊具が置いてある遊び場がある。その場所が「入りやすく見えにくい場所」なのだ。

まず、この場所には、フェンスが設置されていない。そのため、犯罪者にとって、子どもに近づきやすく、犯行後に逃げやす

写真4　駅前広場の様子（事件当時）

い場所である。また、この場所は、飲食店として改造された車両に囲まれているため、周囲からはよく見えない。さらに、実際の連れ去りルートになった駅ビル内通路も入りやすく、入ってしまうと駅前広場からは見えない。このように、駅ビル前の遊び場は、元々、物理的に「入りやすく見えにくい場所」だった。

加えて、心理的にも「入りやすく見えにくい場所」だった。駅前広場は、通勤、通学、買い物などのために、たくさんの人が往来し、遊具で遊ぶ子どものすぐ目の前を大人たちが歩いている**（写真４）**。こうした不特定多数の人が集まる場所は、「縄張り意識と当事者意識」が低い場所だ。

前述したように、「縄張り意識」は、警戒心という見えないバリアのことだが、人が多すぎる場所では、見えないバリアを張ることは困難だ。例えば、満員電車や花火会場のような人込みでは、パーソナルスペース（快適な対人距離）の侵害さえも許さざるを得ない。その場所の利用者が、不特定であっても「少数」でさえあれば、ニアミス（異常接近）も回避できるが、「多数」になると、それも難しくなる。

一方、「当事者意識」は、既に述べたように、心の視線のことだが、人が多すぎる場所では、たくさんの視線が入り交じって、視線のピントがぼやけてしまう。言い換えれば、人込みでは、そこにいる人の注意や関心が分散されてしまうのだ。その結果、犯罪者の行動が見落とされやすくなる。場所の利用者が、多数であっても「特定」していれば、ある程度の行動把握も可能だが、「不特定」ではほとんど不可能だ。

このように、不特定多数の人が集まる場所では犯行に気付きにくい。そこが犯罪者の狙い目である。さらに、仮に犯行がバレたとしても、不特定多数の人が集まる場所では、犯行が制止されたり、通報されたりする可能性も低い。なぜなら、犯行に気付いても、「たくさんの人が見ているから、自分でなくても誰かが行動を起こすはず」と思って、制止や通報を控える傾向があるからだ。居合わせた人全員がそう思うので、結局誰も行動を起こさない。その様子を見て誰かが行動を起こすかといえば、今度は、「誰も行動を起こさないところを見ると、深刻な事態ではない」と判断してしまう。

こうした心理は「傍観者効果」と呼ばれている。プリンストン大学のジョン・ダーリーと人間科学センターのビブ・ラタネが、実験によってその存在を証明した。

二人は、一九六四年に、仕事帰りの女性が自宅アパート前で暴漢に刺殺されたニューヨークのキティ・ジェノヴェーゼ事件に触発されて研究に取り組んだ。この事件では、三八人の目撃者が誰一人として警察に通報せず、見て見ぬふりしたと、その冷淡さが非難された。

しかし、ダーリーとラタネの結論は違った。その結論は、多くの人が被害者を助けなかったのは、その人たちの性格が冷淡だからではなく、その人たちが他人の存在を意識したからであるというものだった。

例えば、あなたが一人で列車に乗っているとしよう。そこに見知らぬ人が乗り込んできた。とその時、バタッと床に倒れた。この場合、あなたは必ず助けるだろう。だが乗客が三〇人いたらどうだろう。この場合、一人ひとりの責任は三〇分の一に減る。その結果、自分でなくても誰かが助けるだろうと誰もが判断する、というのが社会心理学の主張だ。

このように、不特定多数の人が集まる場所は、周囲の積極的な関与を犯罪者が恐れる必要のない、つまり心理的に「入りやすく見えにくい場所」である。こうした場所なら、犯罪者は、警戒心なく子どもに声をかけられる。あるいは子どもの手をつかめると思う。連れ去っても気付かれたり、介入されたりすることはない、と予測できるからだ。

事件発生の条件を説明してきたが、犯罪機会論を知っていれば、事件を防げた可能性がある。この遊び場に、大人が入れないようにフェンスを設置すればいいのだ。それで誘拐を防げる。実際、海外の遊び場には、ほとんどすべて、フェンスを設置し、大人が入りにくくしている。そうしておけば、遊び場に入ろうとしただけで警戒されてしまうので、犯罪者は、そうした場所を選んでこない。なお、フェンスについては、次章で詳しく述べる。

ケーススタディ② 「入りやすい」と「見えにくい」が重なると犯罪が起きやすい

次に取り上げる事件は、二〇〇一年に大阪教育大学附属池田小学校で起きた事件だ。この事件では、八名の児童が殺害され、一三名の児童と二名の教員が負傷した。事件当時の報道では、犯人が「死刑になりたかった」と供述したため、犯人の人格障害に注目が集まったが、そうした犯罪原因論では、具体的な予防策を導き出せないのはこれまで述べてきた通りだ。しかし、犯罪機会論であれば、この事件からも多くの予防策を引き出せる。また、事件後は犯罪機会論を取り入れ「入りにくい」「見えやすい」場所と変わったので、合わせて紹介する。

文部科学省と大阪教育大学そして附属池田小学校が、遺族と交わした合意書別紙には、「犯人は自動車で附属池田小学校南側正門前に至ったが、同所の門が閉まっていたことから、そのまま通り過ぎ、同所から離れた自動車専用門に至り、開いていた同小学校専用門の前に自動車を止め、出刃包丁及び文化包丁の入った緑色ビニール袋を持って、同専用門から同小学校敷地内に立ち入った」と書かれている。つまり、事件発生の日、附属池田小学校は、自動車専用門が開いている「入りやすい場所」だったのだ（**写真5**）。実際、犯人は法廷で「門が閉まっていたら乗り越えてまで入ろうとは思わなかった」と述べている（第一三回公判）。

したがって、学校を「入りにくい場所」にするためには、門を閉めておくことが必要だ。もっとも、校門を閉めることに対しては、「開かれた学校づくり」に反するとして異議を唱える人もいる。しかし、これはハードウエアとソフトウエアを混同した意見だ。「開かれた学校」は本来、ソフト面の「地域との連携」を意味していたにもかかわらず、ハード面の「校門の開放」と勘違いする学校が続出し、その結果、附属池

写真５　事件当時の大阪教育大附属池田小学校

田小事件が発生した。門開放の責任を認めた学校側は5億円の賠償金を支払っている。「開かれた学校づくり」は、校門を開放することではなく、保護者や地域住民が学校教育や学校経営に参画することである。海外の学校では、ハード的にはクローズにしているが、ソフト的にはオープンだ。例えば、イギリスでは、校門を閉めているが、教室では地元の親がボランティアとして授業を手伝っている。このような学校こそ、「開かれた学校」の名に値する。

事件当時の附属池田小学校は、「入りやすい場所」だっただけでなく、「見えにくい場所」でもあった。というのは、犯人が小学校敷地内に侵入した自動車専用門から校舎までの経路が、体育館が邪魔をして、校舎西側一階の事務室からは見えないからだ（**写真5**）。

「体育館が死角にならない正門から侵入していれば犯人を発見できた」という報道もあったが、その可能性は極めて低い。なぜなら、正門と校舎の間に大きな樹木があり、そのため、正門前が事務室からは見えにくいからだ。また、事務室の机が、正門側の窓に向かって配置されていなかったため、事務員が顔を上げてもその視線の先に正門はなかった。

さらに、先に触れた合意書別紙には、「担任教員は、体育館の横で、犯人とすれ違い軽く会釈をしたが、犯人は会釈を返さなかったので、保護者でもなく教職員でもないと思ったにもかかわらず、何らかの雰囲気を察して振り返るなど、犯人の行く先を確認せず、不審者という認識を抱けなかった」と書かれている。つまり、事件当時の附属池田小事件は、ハード面で見えにくかっただけでなく、ソフト面でも、当事者意識が低い「見えにくい場所」でもあったのだ。

こうした状況を改善するため、附属池田小学校では、事件後、学校を「入りにくく見えやすい場所」にする改築や教育改革が行われた。例えば、フェンスを足がかかりにくく、高いものにしたり、校門を一カ所に絞り、そこに警備員を置いたりして、校内を「入りにくい場所」にした。また、校舎をガラス張りにし（**写真6**）、「見えやすい場所」にもした。

さらに、教室の廊下側の壁を取り払ったり、担

写真6　改善後の大阪教育大附属池田小学校

任の机を教室近くの教官コーナーに置いたりして、教室も「見えやすい場所」にした。ソフト面でも、全学年で「地域安全マップ」の授業を行うことで教職員の当事者意識を醸成し、心理的に「見えやすい場所」にした。

このように、附属池田小学校のケースは、事件の反省を踏まえて、犯罪発生場所を改善した好事例である。こうした多層防御のアイデアを参考にして、病院、学校、保育所、幼稚園、高齢者施設、障害者施設、娯楽施設、公民館なども、多層防御を取り入れることが望まれる。

ケーススタディ③　歩道橋は「入りやすく」「見えにくい」構造

次に取り上げる事件は、一九八八年から翌八九年にかけて、埼玉県と東京都で、四人の女児が相次いで誘拐、殺害された「宮﨑勤事件」だ。世間を震撼させたシリアルキラー（連続殺人犯）による誘拐殺人事件である。

実は、今も起きている誘拐殺害事件の犯行パターンは、この事件とほぼ同じであるが、ずっと防げていないのは、この事件を犯罪機会論から分析しようとしなかったからだと言わざるを得ない。実際、当時の報道では、犯行の異常性ばかりが強調された。「多重人格ではないか」と、人格だけに関心が寄せられていたのだ。

しかし、異常だったのは犯行後の言動であり、犯行そのものは極めて合理的で緻密なものだった。そのことを示すため、最初のケース（埼玉県入間市）を物語風に再現してみたい。もちろん、東京地方裁判所の判決文と検察官面前調書をベースにする。この事件で、犯人が最初に女児と接触したのは歩道橋だった（**写真7**）。

暑い夏、まるで熱気が地面から湧いてくるような日である。

写真7　当時連れ去り現場の一つとなった歩道橋

宮﨑勤は、埼玉県川越市から東京都青梅市に向かう途中だった。日産ラングレーのハンドルを握り、熱風が吹きつける中、アスファルトを走っていた。後部座席の窓には、こげ茶色のフィルムがはられ、外から中の様子は分からない。

(今日こそ、好みの女の子に出会えるといいな)

宮﨑は、ぼんやりと考えながら、漠然とした期待を胸に秘めていた。

午後3時、入間市を走行中、急に尿意を覚えた。大きな団地が見えたので、公衆トイレがあると思い、車を停めることにした。

団地内の駐車場に車を停め、宮﨑が外に出る。だがトイレはどこにも見当たらない。仕方がないので木陰に移動し、立ち小便をした。

宮﨑は団地が大好き。なぜなら、女の子がたくさんいるからだ。歩きながら、周囲を見渡し、好みの女の子を探す。それが、この上なく楽しい。興奮を味わうため、スリリングなこともしてみたいと思っている。

午後4時、何気なく団地の一角から大通りに出た。すると、目の前を女の子が歩いているではないか。顔は見えないが、宮﨑の鼓動は高まる。女の子は、一人で友達の家に向かっていた。

（この子を誘拐し、性的なことを……）

欲望への想像は膨らむばかりだ。

後ろからついていくと、女の子が歩道橋の階段を上り始めた。宮崎はすぐさま道路を横切り、反対側の歩道に移った。歩道橋に急ぎ、反対側の階段を上る。

（ちょうど、橋の上ですれ違うぞ）

計算通り、橋の上で、女の子が向こうから近づいてきて宮崎と対面した。宮崎が腰をかがめ、笑顔で声をかける。しゃがんだのは、親しみを演出するためだ。

「今日は暑いね。とっても嫌だね。でもね、お兄ちゃん、これから涼しいところに行くんだ。いいだろ？」

「……」

女の子は、きょとんとしている。

「一緒に行く？　今、来た道でいいんだよ。お兄ちゃん、先に行くから、よかったらついてきて。じゃね」

宮崎はその場を離れ、歩道橋の階段を下りていく。宮崎が上ってきたのとは反対の階段だ。

女の子は一人、橋の上に残され考えていた。

（あれっ、お兄ちゃん、行っちゃった。……悪い人は、手をつかんで引っ張っていくんだよな。でも、あのお兄ちゃんは、そうしなかった。だからきっと、いい人なんだ。私も、涼しいところに行こうっと）

そう思った女の子は、宮﨑の後を追って階段を下りた。

大通りの歩道を歩く宮﨑。しかし、女の子を待とうとはしない。５メートルくらい前を歩いている。女の子と並んで歩かないのは、誰かに見られても、誘拐していると思われないためだ。

しかもこの道は、団地の窓から見られることもない。中層の建物が立ち並んでいるが、道路に面しているのは窓のない壁だからだ。

宮﨑が立ち止まった。団地の駐車場に着いたのだ。

「よ〜し、これから涼しいところに行くぞ！　さあ乗って」

女の子は満面に笑みを浮かべながら、車の助手席に乗り込んだ。

地獄行きの車に乗ってしまったことは、知る由もなかった。

宮﨑は車を発進させると、ラジオをつけた。選曲ボタンを押しながら、

「ボタンを触ってもいいよ」

と言って、女の子が家のことを思い出すことがないよう、女の子の興味を刺激し続けた。

やがて夕暮れが訪れた。眼前には東京都五日市町の森林が広がっている。

変電所に入り、駐車場で車を降りた。

「今度は電車に乗ろうね」

と、宮﨑が優しく話しかける。

宮﨑は、林道を歩きながら、性的なことを考えていた。同時に、恐ろしいことも脳裏に浮かんだ。

（顔を見られた。解放すればまずいことになる。殺すしかない）

宮﨑が笑顔で問いかける。

「ちょっと休もうか」

二人が道の斜面に腰を下ろすと、女の子がしくしくと泣き始めた。家のことを思い出したのだろうか。だとしても、宮﨑には、それよりもっと気になることがある。

（誰かに泣き声を聞かれるかもしれない）

そう思うと、放置できない。

宮﨑は、女の子を仰向けに押し倒し、その上に覆いかぶさって両手で首を絞めた。女の子が窒息死するのに、時間はかからなかった。

その翌日のこと。宮﨑は殺害現場に戻り、遺体に性的なことをした。その様子をビデオカメラで録画もした。ビデオに撮ったのは、遺体のままだと、なくなってしまうからだ。

さらに翌年。宮﨑は、女の子の頭蓋骨を拾って自宅に持ち帰り、畑で油をかけて焼いた。

そして、それを段ボール箱に入れ、被害女児の自宅玄関前に置いた。段ボールには「遺骨　焼　証明　鑑定」と書かれた紙片や、着ていた服の写真が入っていた。

これに味をしめた宮﨑は、幼い命を次々と奪っていく。昭和から平成への変わり目に起きた悲劇である。


宮﨑勤事件の最初のケースを物語風に再現してみた。誘拐犯は児童心理のスペシャリストであり、子どもは簡単にだまされるという冷徹な現実を知っていただけなのではないだろうか。優しく信頼できる大人のように振る舞いながら、歩道橋を反対側から上ることで「偶然」を装い、腰をかがめて目線を同じ高さにして「親近感」を抱かせ、先を歩くことで「警戒心」を解きながら、「追従心」を呼び起こしたわけだ。

この事件を防げるとすれば、犯人が最初に女児と接触した歩道橋を「入りやすく見えにくい場所」だと認識した場合だ。歩道橋の上は、両側から上り下りできる「入りやすい場所」で、歩行者も運転手もめったに見ない「見えにくい場所」である。それを知っていれば、「入りやすく見えにくい場所」には犯罪者が現れやすいので、誘われても頼まれても断ることができるはずだ。

さらに、そこまで女児に期待するのが酷であれば、大人の力で「見えにくい場所」を「見えやすい場所」に改善することもできるはずだ。実際、エジプトの首都カイロには、歩道橋の危険性を認識して、支柱上部に通行人を見守る監視カメラが設置されている（**写真8**）。

この連続殺人事件における四つの誘拐現場

写真8　エジプトの歩道橋

のうち、最も「入りやすく見えにくい場所」なのが四番目の事件現場（東京都江東区）だ。五歳の保育園女児が殺害されたこの事件で、連れ去り現場となったのは、高層アパートの一階にある保育園の玄関前だった。

まず、宮﨑勤は、自動車を使って、かつて小学生を校庭でビデオ撮影したことのある小学校に近づいた。そして、東京地方裁判所の判決文の言葉を借りれば、「逃走する際に必要な道路状況を把握した上」で、小学校付近に車を止めた。つまり、駐車場所は、逃げやすい場所、言い換えれば、「入りやすい場所」だった。

車から降りた宮﨑は、高層アパートの横にある公園のベンチに座り、一人で遊んでいる女児を探した。すると、一人でいる女児が、アパートの吹き抜けの通路に入っていくのが見えた。そこで、女児の後を追うと、女児がほかの人と話していたので、物陰から様子をうかがうことにした。しばらくして、女児が一人になったので近づき、「写真を撮らせてね」と声をかけ、その場で撮影した後、「向こうで撮ろうね」と誘い、連れ去った。

犯罪者が女児に声をかけた保育園の玄関前は、アパート西側の公園からも、アパート東側の階段からも近づくことができた「入りやすい場所」だ。しかも、そこは物陰が多い「見えにくい場所」でもあった。犯罪機会論の見地からだと、物陰に入りにくくする、保育園の玄関を「見えやすい場所」に移す、ミラーや監視カメラを設置する、壁や柱を光の反射率が高い白で塗装するなどといった改善案が挙げられる。

宮﨑勤事件に見られた「だまし」のテクニックは、最近の誘拐殺害事件でも確認できる。警察庁の調査「略取誘拐事案の概要」によると、子どもの連れ去り事件の八割が、だまされて自分からついていったケースだという。つまり、誘拐事件のほとんどに「だまし」が入っているのだ。

「だまし」が入る事件には、「襲われたらどうするか」というクライシス・マネジメントでは歯が立たない。「知らない人についていくな」も、宮﨑勤事件のように、警戒心が解かれ、安心感や親密感が増すケースでは、犯人は「知っている人」になっている。

「景色解読力」を身につけて、リスク・マネジメントを

クライシス・マネジメントが有効なのは、「だまし」ではなく、「おどし」である。したがって、クライシス・マネジメントでは、今でも、宮﨑勤事件を防げない。対照的に、「襲われないためにどうするか」というリスク・マネジメントなら、「だまし」が入る事件を防

げる。**リスク・マネジメントに必要な能力が「景色解読力」だ。景色解読力とは「入りやすく見えにくい場所」を見抜く能力である。**これが犯罪機会論からのメッセージだ。犯罪機会論の視点から、学校では景色解読力を高める「地域安全マップづくり」を、地域では「入りやすく見えにくい場所」を重点的に回る「ホットスポット・パトロール」を、ぜひ取り入れていただきたい。

ケーススタディ④

心理的な「入りやすく」て「見えにくい」も犯罪が起こりやすい場所

最後に取り上げる二つの事件は、割れ窓理論が重視する、心理的に「入りやすく見えにくい場所」で起きた事件だ。一つ目は、栃木県で起きた女児殺害事件である。この事件では、下校途中の小学一年生の女児が連れ去られ、隣県の山林で遺体となって発見された。連れ去り地点は特定されていないが、地区レベルから現場を見ると、そこには、落書きや不法投棄された粗大ゴミなど、心理的に「入りやすく見えにくい場所」だと犯罪者に思わせてしまうシグナルがあった。

まず、通学路付近の高速道路をくぐるトンネルの壁面に、落書きがあった。次に、通学路沿いの宅地分譲地には、冷蔵庫、自転車、タイヤ、洗濯機、自動車、コンピュータなどが不法投棄されていた（**写真9**）。この分譲地は、分譲後に開発が放棄されたため、人家はなく、荒れ放題になっている。被害女児にとっては、この分譲地も高速道路のトンネルも、登下校の近道になり得る場所だった。

二つ目は、二〇〇六年に神奈川県のトンネル内で起きた殺人事件である。この事件では、トンネル内の歩道で、帰宅途中の二七歳の女性が刺殺された。そのトンネル内の壁面には、おびただしい落書きがあり、割れ窓理論が心配する典型的な場所だった（**写真10**）。

写真9　女児殺害事件の誘拐現場周辺

　そもそも、トンネルは、簡単に通り抜けできる「入りやすい場所」であり、入ってしまうと周りからの視線が届かない「見えにくい場所」だ。つまり、トンネルは、本質上、物理的に「入りやすく見えにくい場所」である。したがって、この事件の犯行現場には、そうした物理的な危険性に加えて、前述した心理的な危険性が重なっていたことになる。

　あるテレビ番組の依頼で、筆者が事件現場を訪れたとき、不思議な光景を目にした。トンネル内の車道の両側にある歩道のうち、殺害現場となった歩道には壁一面に落書きがあったが、反対側の歩道には落書きがなかった。壁に接するメッシュフェンス

写真10　トンネル殺人事件の現場の落書き

が設置されてあり、それが邪魔で落書きができない状態だったのだ（写真11）。しかし、なぜ、片方の歩道だけにフェンスが設置されているのか疑問が残った。

そこで、テレビ番組の担当者に頼んで、役所に問い合わせてもらった。その回答は、いつ、誰が、何のためにメッシュフェンスを設置したか分からないというものだった。また、事件前、地域住民からトンネル内の落書きについて苦情や要望が寄せられることは一度もなかったことが問い合わせで分かった。

このことから、地域住民や自治体職員が、トンネル内の歩道に関心がなかったことがうかがわれる。前述したように、管理が行き届いてなく、秩序感が薄い場所は、犯罪者から侮られてしまう。事件当時、このトンネルは、物理的にも心理的にも「入りやすく見えにくい場所」だったと言わざるを得ない。

写真11　トンネル殺人事件の現場のメッシュフェンス

第3章

防犯の「ガラパゴス状態」から抜け出す

日本と海外の防犯意識の違い

第1章ではアインシュタインの「常識とは、一八歳までに心にたまった先入観の堆積物にすぎない」という言葉や、トウェインの「人がトラブルに巻き込まれるのは知らないからではない。知っていると思い込んでいるから」という言葉を頼りに、防犯に関する日本の常識が世界の非常識になっていることを論証した。

作家の浅田次郎も、次のように書いている。「日本の常識からすると、物がなくなったときに『盗られた』と断定するのは悪いことで、現実にもそのケースは少ないから、たいていは『落とした』か『紛失した』と考える。しかし外国では『盗られた』と考えるのが常識である。ただし盗るほうよりも盗られたほうが間抜けだという常識もある」「おそらく外国人から見たわれわれは、よほどボーッとしているのであろう」と。

やはり、防犯に関する日本の常識は世界の非常識である。要するに、日本の防犯は、進化に取り残された状況、いわゆる「ガラパゴス状態」なのだ。

この状態は、子どもの安全に典型的に見られる。最新が二〇一三年のデータとなるが、内閣府の『子どもの安全に関する世論調査』では、子どもが犯罪に巻き込まれるかもしれないと不安を感じている人が五一％に上った。にもかかわらず、「親は子どもを一人にさせてはならない」という考えはあまり見られない。

欧米諸国では、子どもを一人にするとネグレクト（保護の怠慢）として罰せられる可能性が高いこともあり、「親は子どもを一人にさせてはならない」というのが常識だ。例えば、筆者が留学したイギリスの小学校では、親が子どもの送り迎えをしている。学校の送迎だけでなく、友達の家に遊びに行くのにも、親が付き添って送り届けている。しかも、家の前までついていくだけでは不十分で、相手の親が出てくるまで待っていなければならない。そうした事情があるので、子どもが街中を一人で歩いている姿を見ることはまずない。もちろん、子どもを車に置き去りにするということもない。

一方、日本では子どもの身の上を心配する割には、欧米諸国と比べて子どもを一人にする場面が多い。親が学校の送り迎えをする習慣は少ないどころか、車の中で子どもを待たせる親も珍しくはない。そのため、子どもが車内に閉じ込められる事故も多く、日本自動車連盟によると、そうした事故が二〇〇件以上起きた月もあったという。

繰り返しになるが、欧米諸国では、子どもを一人にすることは児童虐待だという意識が強い。したがって、幼児を一人で買い物に行かせることは、欧米諸国では児童虐待と見なされるし、そういったテーマを扱う本もアメリカでは出版することができない。

登下校時に子どもを一人にしないようにするには、もちろんそれを可能にする社会制度、つまり職住近接や育児時短勤務などがもっと整備される必要があるが、制度を支えるのは意識なので、防犯に対する意識も変えていく必要があるのではないだろうか。「水と安全はタダ」と言われていた時代は終わっているのだ。

もし日本人の防犯意識が高ければ、今の社会制度を前提としながらも、より効果的な方法はないものかと考えるのではないだろうか。しかし残念ながらそうした動きはほとんど見られない。例えば、イギリス、アメリカ、オーストラリア、ニュージーランドなどで盛んに実施されている「ウオーキングバス」も、日本で導入したのは北海道苫小牧市の拓勇小学校だけである。ウオーキングバス（歩くバス）は、運転手役の保護者と車掌役の保護者が、乗客役の子どもたちを挟んで歩き、その集団登下校に付き添う方法だ。通学路の途中には、バスの停留所に見立てたピックアップ地点があり、子どもはそこからバスに乗り込むこともできる。

通常、ウオーキングバスに乗る人は蛍光ベストを着て、バスらしく、周囲に目立つ形になっている。この蛍光ベストは、地方自治体や企業が提供しているのが普通だ。子どものかばんを荷車に載せて、子どもたちを手ぶらで歩かせるウオーキングバスもある。

ウオーキングバスは、安全だけでなく健康も推進する。実は、イギリスの小学校では、五歳から七歳までの児童については、その通学距離が約三キロメートル以上であれば、また八歳から一一歳までの児童については、その通学距離が約五キロメートル以上であれば、子どもの学習権保障のため、地方自治体がスクールバスの無料輸送サービスを提供しなければならない。

ということで、そこまで遠くに住んでいない子どもについては、親が車で送り迎えするのが一般化していた。しかし、車による送迎によって、一方では、車の排ガスに

写真12　ウオーキングバス

よる大気汚染が深刻化し、他方では、運動不足による子どもの肥満が問題化し、車依存を見直す動きが広がった。

これが、ウオーキングバスが登場した背景だ。それは「歩きたくなる街」を目指すニューアーバニズムの一手法でもある。

筆者もイギリス・ウェストサセックス県のビリングズハーストで運行されているウオーキングバスに乗せていただいた（**写真12**）。バスの発着場から小学校まで、約二〇分の道のりである。子どもたちは、異年齢の子どもや大人との会話を楽しみながら、手ぶらで歩いている。「みんなで楽しみながら防犯する」という点で、ウオーキングバスには、「地域安全マップづくり」と共通するものがある。

日本では、このような社会全体で子どもを守る方法やアイデアが生まれているとはあまり感じられない。このことは、子どもの安全や児童虐待だけではない。防犯の全般にわたって、日本人の意識は低いと言わざるを得ない。変わろうとしなければ、これまでと同じ結果しか生まれないだろう。

海外の注意喚起はリアリティにあふれている

日本人の防犯意識や危機意識が低いことは、これまでも繰り返し指摘されてきた。例えば新聞紙上でも、「海外では日本人の防犯意識は低いとされ、犯罪者の格好の標的」「日本人特有の『安全はタダ』信仰が抜けきらず、おっくうになりがち」と指摘された。「平和ボケ」「危機管理音痴」「安全神話」「犯罪天国ニッポン」という言葉も飛び交った。

痛ましい事件や事故を風化させずに教訓とすることは重要だが、日本と海外では意識の違いがみられる。日本は時間が経つにつれ、美談が伝えられることが多く、リアリティを直視する

写真13　看板には「シートベルトはちゃんと締めたか？」と書かれている

ことを避けているように感じる。一方、アイスランドの注意喚起はリアリティにあふれており、実際の事故車両をオブジェとすることで、シートベルトの重要性を教えてくれている（写真13）。

映像作品にも見て取れる意識の違い

私は映画鑑賞が趣味で、特に犯罪系映画は、仕事柄、半分趣味、半分研究で観ているが、作品づくりにも危機意識の低さが垣間見られることがある。正確に言うなら、日本の犯罪系の映画は、犯罪原因論に依拠するものがほとんどで、犯罪機会論的な視点は皆無に等しい。犯罪原因論に毒されているから、ディテールが非現実的なものになっている。設定自体は突拍子もないものであってもいいが、ディテールまで突拍子もないものになると、犯罪系映画というよりもむしろ、ファンタジー系映画と言った方がいい。

犯罪機会論が普及していないから、映画が犯罪原因論一辺倒になるのか、映画が犯罪原因論一辺倒なので、犯罪機会論が普及しないのか。そのあたりは「鶏と卵」のようで、よく分からない。最近になって犯罪機会論の考え方を取り入れた作品も生まれているが、それでも犯罪原因論が浸透している日本では、関係施設などを取材し作品の参考にしたとしても、リアリティに欠ける部分がある。例えば、車を使った誘拐犯の犯行現場がガードレールのある場所だったりするが、これまで起こった車を使った誘拐事件はガードレールのない道で起きている。そこが犯人にとって「入りやすい場所」だからだ。

対照的に、アメリカ映画にはリアリティの高い作品が多い。例えば、一九九一年のアカデミー賞主要5部門を独占した『羊たちの沈黙』はその代表格だ。それもそのはず、原作者のトマス・ハリスは、バージニア州クワンティコにあるＦＢＩアカデミーの行動科学課を取材に訪れ、プロファイリングを学んでいた。そのため、犯行手口は実際にあったものばかりである。ＦＢＩアカデミーも、映画の撮影に積極的に協力し、実際の建物や訓練場が、映画のセットとして使用されたという。今でも、行動科学課の会議室には映画のポスターが展示され、邪悪心研究博物館にはハンニバル・レクター博士の等身大人形が置かれている。

さらに、驚くべきことに、犯罪機会論に特化した映画もある。マイケル・ダグラス主演の映画『フォーリング・ダウン』だ。日本の映画は動機にフォーカスするものがほとんどだが、そこで扱われる常識と異なり、実際は、動機があっても、それだけでは犯罪は起こらない。犯罪の動機を抱えた人が犯罪の機会に出会ったとき、初めて犯罪は起こる。まるで、体にたまった静電気が金属に近づくと、火花放電が起こるようなものだ。しかも、その機会は一つではない。機会の連鎖の結果が、犯罪なのである。このあたりのことが、『フォーリング・ダウン』でよく描かれている。逆に言えば、機会の連鎖を断ち切れば、犯罪は起こらないのだ。アメリカ人の防犯意識の高さが、こうした作品を生んでいると考えるのは、飛躍した見方だろうか。

日本独自の「うち／よそ」文化とは

いずれにしても、日本人の防犯意識は低いと言わざるを得ない。しかし、ここで疑問が生じる。なぜ日本だけがガラパゴス状態になったのか——。その答えは、日本と欧米諸国を比べたとき、最も大きな違いのある点に求めるのが合理的だ。その相違点は、日本人の意識や日本的な文化であるに違いない。これを「うち」意識と呼ぶことができる。日本人の意識世界は「うち／よそ」という二分法の世界であり、外国人の認識の枠組みとは大きく異なる。それが最大の相違点だ。

「うち」意識とは、自分の所属集団を「うちの家」「うちの会社」「うちの学校」などと呼びつつ、そこに自分の居場所を見いだし、そこを安心感や安定感の源泉とすることだ。これとセットになっているのが「よそ」意識である。それは、自分の所属集団の外側にいる知らない人、つまり、社会一般に対して、自分と無関係と考え、そのため、無関心・無責任になることだ。

「うち」が特定の場所に根差しているのに対し、「よそ」はどこか別の場所を指しているにすぎない。「うち」世界にいるのは身内（うち）なので多くのことが内々（うちうち）で済まされるのに対し、「よそ」世界にいるのは「よそ者」なので互いによそよそしい態度が示される。

日本人の間では、こうした「うち／よそ」の二分法が鮮明である。ところが、欧米人の間ではこの二分法が不鮮明である。欧米人のそれは、「個

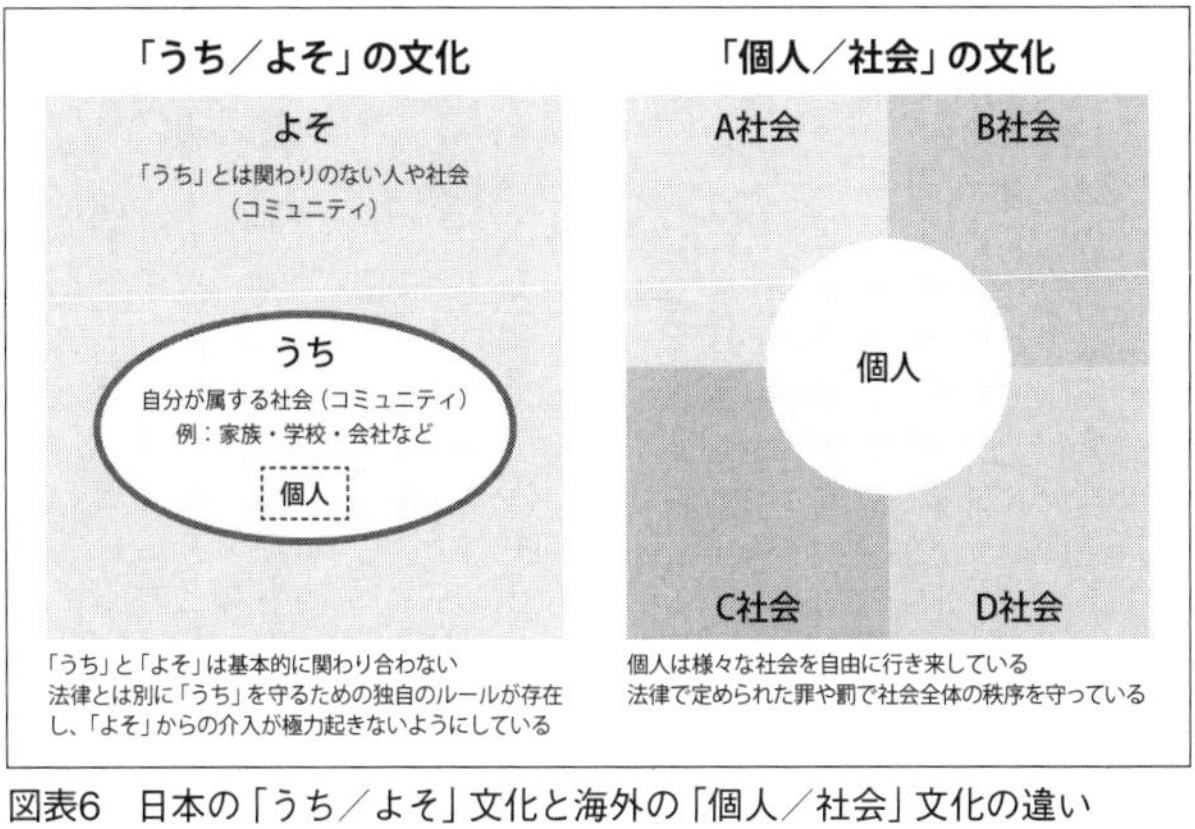

「うち／よそ」の文化
よそ
「うち」とは関わりのない人や社会
（コミュニティ）
うち
自分が属する社会（コミュニティ）
例：家族・学校・会社など
個人
「うち」と「よそ」は基本的に関わり合わない
法律とは別に「うち」を守るための独自のルールが存在し、「よそ」からの介入が極力起きないようにしている
「個人／社会」の文化
A社会
B社会
個人
C社会
D社会
個人は様々な社会を自由に行き来している
法律で定められた罪や罰で社会全体の秩序を守っている

図表6　日本の「うち／よそ」文化と海外の「個人／社会」文化の違い

人／社会」の二分法だからだ（**図表6**）。

さらに中国人も、日本人よりも欧米人の方に近い。つまり、個人主義的だ。「中国人一人は日本人十人に値するかもしれないが、日本人百人は中国人千人に相当する」と新聞紙上で対比されたこともあった。中国人の個人主義と日本人の集団主義を誇張したものではあるが、そうした特性があることは否めない。

日本では個人主義的な意識が十分に確立していない。むしろ、個人が「うち」集団に埋没しているのが現状だ。そのため社会の中に日本的な「うち」と「よそ」が混在し、社会の仕組みが分かりにくくなっている。欧米諸国では個人が能力や趣味に合ったネットワークを張り巡らし、それが社会になっている。人々は一つの場につなぎ止められることなく、社会の中を浮遊している。しかし日本では、所属集団が磁場のように人々を引き留め、ネットワークの拡充を阻んでいる。

要するに、欧米の社会は内陸国のように移動が容易だが、日本の社会は群島国のように移動が困難なのだ。日本人は、自分がいる一つの島（「うち」集団）のことはよく知っているし、知る必要もあるが、ほかの島（「よそ」集団）のことはほとんど知らないし、知る必要もないのである。

日本だけ、なぜ「うち／よそ」になったのか

では、なぜ日本だけがそうなのか。その答えを見つけ出すには、日本の歴史をひもとく必要がある。今の社会は、歴史の積み重ねの上にあるからだ。

そもそも、アフリカで長い時間をかけてサルから進化したヒト（ホモ・サピエンス）は、やがて世界に広がっていき、四万年前ごろに日本列島に移り住むようになった。その人々が日本人のルーツだ。その後、先住系の縄文人と渡来系の弥生人の混血が進んだが、興味深いのは、それが平和的に行われたという点である。ミトコンドリアのゲノム（ＤＮＡ）解析によると、両者の間には一方的な征服はなかったようなのだ。その結果、日本は「人種のるつぼ」となった。

この点について、分子人類学の権威である国立科学博物館の篠田謙一は、「日本には狭い面積の割に非常に多様なグループが存在する」と述べ、その理由を「他者との融和に努めてきた日本人の生き方を反映しているのではないか。争いが多ければ、ミトコンドリアが途絶える危険性は高まる。争いが少ないからこそ、途絶えずにきた」と説明している。

どうやら日本人は元々、争うことが嫌いなようだ。というよりもむしろ、争うことが嫌

いな人々が日本に集まってきた、と言った方がいいかもしれない。そうした見方をする明治大学の齋藤孝によると、日本人は「押しが弱く、体も弱くて、ビビリがち」だから、「大陸から押し出されてきて日本列島という端っこに住みついた」という。

とすれば、日本人の生き残る道は、弱い者同士が肩を寄せ合い、助け合うしかない。弱者が強者に勝つ最善の方法はチームワークだからだ。こうして、「強い集団」が日本社会の主要プレーヤーになった。「うち」世界の誕生である。

「うち」意識は、聖徳太子の一七条憲法の「以和為貴（わをもってとうとしとなす）」から、日本企業のＱＣ（品質管理）サークル活動まで、日本人の底に脈々と流れている。もっとも、「うち」意識が消えそうな時代がなかったわけでない。それが明治時代だ。

明治政府は、欧米列強から日本を守るため、西洋に追いつくことを最優先事項とした。特に、治外法権を撤廃し、西洋と対等の立場で経済成長を図るには、西洋の法制度の早急な移植が不可欠だった。そこで、急ぎ日本の近代法が西洋の法を模して制定された。しかし、伝統的な道徳や慣習については手つかずのままで残した。それは、さながら高速輸送を早期に実現する方法として、歩道橋の設置や駐車禁止区域の設定で交通渋滞を緩和するのではなく、在来の道路の上に高速道路を建設するようなものだ。要するに、明治政府は日本の近代化を早急に実現するため、手間のかかる日常生活における行為規範の近代化には手をつけず、西洋の法制度の皮相的な採用という安易な道を選んだのだ。

　加えて、明治政府が、その政治的正統性を脅かしかねない自由主義、平等主義、民主主義といった西洋法の精神の受容を拒否したことも、日常生活における伝統的な行為規範を残存させる結果につながった。

　このように、日本の近代的法制度が、日本人の自発的エネルギーに基づく権利のための闘争の成果ではなく、西洋法の戦術的模倣の産物だったため、法律と日常生活との間に乖離が生じた。つまり、一方では、法律が政府から一方的に与えられた統治の道具として冷ややかに受け止められ、他方では、日常生活が義理などの伝統的な規範によって従来通りに規律され続けたのだ。

　その結果、日本の文化は二重性を呈するようになった。知っている人間（自己の所属集団）に対する規範と、知らない人間（社会一般）に対する規範だ。この二つの行為規範が、「うち」と「よそ」という言葉で表象される生活空間の区別に応じて使い分けられるのである。

「うち」には甘い

「うち」の世界における人間関係は、対立関係の存在が予定されていない親密な相互依存の関係だ。例えば、会社における上司と部下の関係は、ウェットとか家族的といった言葉で表現される「うち」世界の人間関係である。そこでは、情緒的な負担としての義理が行為規範の中核を成している。

義理の量と質は一般的に定められているわけではなく、それが適用される人間関係の親密度・依存度に応じて無数のパターンが存在し、その内容は各人の判断に委ねられている。また、義理の強制もはっきりとは姿を現さず、各人は暗黙の指導や関連する情報を入手しながら自発的に義理を果たさなければならない。さらに、義理を怠っても公式の制裁が加わるわけではなく、内々のうちに罰が加えられ、処罰された者さえ科罰の事実に気付かないことも多い。要するに、義理は、主観的、相対的、具体的、黙示的な規範であり、客観的、普遍的、抽象的、明示的な規範である権利・義務とは著しい対照を成しているのだ。

このように、義理は無定量で過重な負担であるが、それを果たしさえすれば何らかの報酬を期待できる。もっとも、この期待は、客観的な根拠に基づくものというよりも、むしろ「うち」世界に持ち込むことが許されている「甘え」の感情に根ざしたものだ。要するに、義理の厳しさは、報酬を当てにする甘えによって相殺されているのである。ここで重要なことは、義理と報酬という互恵的相互行為があって初めて「うち」の秩序が保たれるということだ。この点で、欧米の秩序が義務の履行と権利の行使という相互行為によって保たれているのとは対照的である。

義理を果たすことで期待できる報酬の中で最も重要なものは、「うち」との一体化による安定感である。例えば、会社という巨大で有力な存在の有機的部分になることで感じる心地よさである。多くの日本人が、この心地よさを感じていたために、退職後虚無感に襲われてきたのであり、退職を楽しみに待つ多くの欧米人とは対照的だ。「うち」世界が日本人の心理的満足感の源泉であることは、北海道大学の山岸俊男が指摘したように、日本社会が、他者一般に対する信頼感が強い「信頼社会」ではなく、特定の相手とだけ安心できる関係にある「安心社会」であるからだ。

しかし、「うち」世界は決して楽園ではない。なぜなら、義理履行者が享受できる利益は、義理対象者の裁量に依存しているからだ。例えば、上司が特定の部下だけに報酬を与えた場合、同じ程度の義理を果たしてきたほかの部下は憤りを覚えるかもしれない。しかし、そうした場合でも、内部告発したり、裁判に訴えたりすることは、安心感そのものを危うくする恐れがあるので回避される。要するに、「うち」世界では紛争は予定されていないのであり、自己の権利を主張して紛争を表面化させることは、利己主義として非難されるのだ。

公然たる対決を避けることは、対等者間においても強く要請される。その結果、紛争解決には仲介者が活用されることになる。ここで重要なことは、仲介者は「うち」の内部者でなければならないということだ。すなわち、紛争は、「身うち」によって解決されるべきものであり、「よそ者」の出る幕はないのである。というのは、紛争解決は、ウェットで家族的な「うち」世界の人間関係の修復を目的としているからだ。そのため、紛争解決における権利・義務の役割は極端に小さくなる。かつて東京大学の川島武宜も、「仲介者は、誰が正しく誰が悪いかを明確に決定してはならないし、また両当事者の権利の有無及び範囲を吟味してはならない」と述べている。

「よそ」にはドライで無関心

「うち」世界の人間関係と対照的に、「よそ」の世界における人間関係は、甘えが許されない、ドライでよそよそしい関係だ。そこでは、西洋的な権利が行為規範の中核を成している。もっとも、その権利が日本社会から生まれたものではなく、西洋からの輸入物だったことは、日本人の権利意識を欧米人と異なるものにした。つまり、日本人にとって権利は、専断的な権力や他者の横暴から自己を守る最後の砦というよりも、むしろ利己的な要求をカムフラージュするものなのだ。

その結果、日本人は、法律が自分にとって利益になるときには権利を主張し、利益にならないときには権利に関心を示さず、法律が不利益をもたらすときには権利を無視する傾向がある。例えば、会社の上司には必ず列車の席を譲る日本人も、見知らぬ高齢者が相手なら突き飛ばしてまで席を獲得して自己の権利を主張する。また、上司には欠かさず中元と歳暮を贈る日本人も、外国人やマイノリティ・グループの支援団体には寄付をしない。日本自動車連盟の「信号機のない横断歩道における歩行者優先の実態調査」によると、二〇一六年の一時停止した率は八％だった。

「うち」には独自のルールがある

このように、日本人は二重の行為基準を用いて、「うち」と「よそ」とで異なった行動や態度を取る。「うち」世界では、個人は集団を超越するものではなく、集団と同一化すべきものである。「さわらぬ神にたたりなし」「出る杭は打たれる」「長いものには巻かれろ」といったことが、日本人の注意事項である。対照的に、欧米諸国では、日本と異なり、個人の集団に対する優位を確保する自由が強く意識されている。「天は自ら助くる者を助く」という諺も独立独歩の精神の表れである。

こうした自由をめぐる意識の相違に連動して、集団の構成方法や集団への所属形態についても著しい差異がある。まず、集団の構成方法については、職種や資格など共通の「個人的属性」に基礎を置く場合と、事務所や工場など共有する「場」に基礎を置く場合の二種類があるが、欧米では、職業別組合や産業別組合に代表されるように、重要な集団は「個人的属性」に基づき、日本では、企業別組合に代表されるように、主要な集団は「場」に基づいている。つまり、欧米では、高い個人の自由の意識に支えられて、集団は局所的な環境を越えて存在するのに対し、日本では、集団は局所的な環境につなぎ止められているのだ。この違いは「座の文化と立の文化」とか「手の文化と足の文化」と表現されてきた。

　このように、欧米の集団は「個人的属性」に基礎を置いているので、その成員は同質であり、それによって、集団としての結束力が維持されている。ところが、「場」の共有に基づく日本の「うち」集団は、「個人的属性」を異にする者によって構成されるので、成員の異質性に起因する集団の不安定性を克服する必要がある。そのため、「うち」集団では、異質な成員を結びつけるため、一方では、無数の詳細な集団内ルールが誕生し、他方では、情緒的な連帯が強化される。

　このうち、集団内ルールは、義理がその中核を成しているため、抽象化された少数の基準としてではなく、個別具体的な形を取る無数の基準として存在する。また、感情的連帯が強化されれば、「うち」集団の孤立性・排他性は高まり、集団内ルールは普遍的基準と掛け離れる。集団内ルールには、礼儀作法や気配りの方法も含まれ、例えば、言葉遣い、服装様式、髪型、お辞儀の仕方、宴会の席次、申し出の断り方といったルールが「うち」世界には存在する。要するに、「うち」型のルールは網羅的なのだ。

　こうした独自の集団内ルールと感情的連帯の重視は、「うち」集団を閉ざされた世界にし、「うち」世界の中に、同じ程度に重要な集団を二つ以上持つことを困難にする。なぜなら、ほかの集団に所属することは、本来の所属集団の感情的連帯を損なう危険を伴うからだ。また、この「単線的集団所属」は、「場」の共有に基づく集団構成の論理的帰結でもある。というのは、この場合、局所的な環境である「場」を離れれば、同時に局所化された集団からも外に出てしまうからだ。したがって、日本社会は、孤立した「うち」集団が並立する社会になる。

対照的に、欧米では、集団が「個人的属性」に基づいて構成されるので、自己の持つ複数の「個人的属性」に応じて複数の集団に所属できる。本来の所属集団と無関係なほかの集団に所属することは、欧米人にとって、個人の自由の本質的部分である。したがって、欧米では、「複線的集団所属」による集団の交差が見られ、個人を起点とした複雑なネットワークが形成される。

「うち」の縦列的秩序の弊害

「うち」世界が「場」に基づく単一の集団によって成り立ち、「うち」集団が異質な成員によって構成される結果、「うち」集団の構造は序列的になる。そもそも、「うち」集団は、成員の異質性を希薄化するために感情的連帯を必要とするが、それを強化するには成員間の絶え間ない直接的な接触が不可欠である。とすれば、集団における成員の地位や影響力は、集団との接触の長さによって決定されるはずで、集団への所属期間を個人の人的資本とみなすことができるのだ。したがって、同じ「個人的属性」を備えている者の間にも、集団への所属期間に応じた序列が存在することになる。また、「うち」集団は、成員の異質性に基づく能力差の顕在化を避けるため、能力主義以外の人事管理方法を採用する必要があり、その要請に応えるものが年功序列制度だ。

このように、「うち」集団の構造は序列的であり、したがって、集団内ルールには、この序列構造を維持・強化する役割が期待される。言い換えれば、集団内ルールは、成員の「縦列的秩序」からの逸脱を阻止するように機能する。要するに、「うち」型のルールは抑制的なのである。

日本のルールとは対照的に、欧米のルールは、自由で独立した個人の間の紛争や対立を調整するものという色彩が濃い。言い換えれば、ルールには、「横列的秩序」を維持する役割が期待されているのだ。要するに、欧米型のルールは限定的・寛容的なのである。その結果、日本人がルールによる束縛感を覚えるのに対して、欧米人はルールが定められても依然として解放感を持ち続けるのである。

このように、日本と欧米の間で、ルールの量と質に相違があるなら、日本文化が「恥の文化」で、欧米文化は「罪の文化」であると言われることも、本質的には、「うち」型と欧米型のルールの量と質における相違を説明したものであると言えるはずだ。つまり、恥は「うち」型の網羅的・抑制的なルールに違反した結果であり、そのため、「よそ」世界では「旅の恥はかき捨て」なのである。また、日本文化が「謝罪の文化」で、欧米文化は「正当化の文化」であるとも言われるが、その意味も、ルールが奉仕すべき秩序の相違を説明したものであると言えるはずだ。つまり、「うち」集団の秩序は縦列的であり、それゆえ「うち」型ルールの違反者が集団復帰を望む場合には、謝罪が最善の策になるのである。

「うち」型のルールは網羅的・抑制的であり、「うち」世界は、重大なことから些細なことまで、社会的に妥当な行動を指示する無数のルールによって統制されている。個別具体的なルールが見当たらない場合であっても、「先輩の指示に従う」というルールは存在するので、欧米式に、抽象化された少数のルールから演繹してはならず、先輩に相談しなければならない。

こうして、他者の行動を模倣することでルールを学び、模倣した行動は他者の行動の手本になり、「うち」集団のルールは几帳面に順守されることになる。さらに、ルールへの同調性は、「うち」集団の干渉と監視によって確保されている。例えば、おせっかい焼きが非同調者をたしなめるのは日常茶飯事だ。

縦列的秩序における同調性の弊害

これまで述べてきたような意識や文化の相違は、日本と欧米の間における社会化の相違でもある。つまり、欧米では、自我意識の獲得が社会化の最も重要な側面であるのに対して、日本では、集団への帰属意識の獲得こそ、社会化の主要な過程である。この点について、社会化の主たる担い手ごとに検討したい。ただし、日本社会も急速に欧米化しているので、あくまでも「うち」世界や「うち」意識のサンプルとしてとらえていただきたい。

まず、母親と添い寝するときに感じる心地よさこそ、日本人にとって安心感の起源だった。つまり、日本の幼児は、母親と一体化することで安心感が得られることを学んできた。その結果、幼児の母親への依存度は非常に高くなる。それゆえ、子どもが恐れる罰は、母親が住む「うち」世界からの追放であり、日本の親は、しばしば「家から出ていけ」と子どもを叱ってきた。

対照的に、欧米の幼児は、個室で独り寝したり、ベビーシッターに預けられたりして独立心が育つ。そのため、家に閉じ込められることが罰になる。要するに、欧米の子どもは「小さな大人」なのに対して、日本の子どもは「大きな赤ん坊」なのである。その結果、「大きな赤ん坊」である日本の子どもは、欧米の子どもなら自由にさせてもらえる事柄に関しても、親による強力なコントロールを受けることになる。このような母親への甘えと母親によるコントロールの受容という双方向関係こそ、将来の「うち」集団への依存と「うち」集団によるインフォーマル・コントロールの容認という関係の原型だ。

続いて、日本の子どもは、学校で日本型の「隠れたカリキュラム」を通して、インフォーマル・コントロールの容認を学習する。まず、児童生徒は「先輩の支配」という縦列的秩序の原則を学ばなければならない。それは、典型的には「教師の支配」であり、対立関係を想定しない「うち」世界である学校では、教師に議論を挑んではならない。その結果、教師からの知識の伝達が授業の中心となり、日本の授業は、積極的な参加や貢献が求められる欧米の授業とは対照的なものになる。また、より高圧的である「上級生の支配」も、厳しい部活動を通じて学習する。

次に、児童生徒は、チームプレーの重要性も学ばなければならない。それは、集団同士の競争による帰属意識の高揚を通じて学習される。運動会や高校野球に代表される集団対抗は欧米では低調だが、日本では活況を呈しており、固定された班で、あるいは学級同士で、さらには学校同士で争っている。集団内では「連帯責任の原則」が妥当し、そのため相互監視が行われ、落伍者は仲間外れにされてしまう。このようにして、日本の児童生徒は、独自性よりも同調性が重要であることを学ぶのだ。

なお、ここでは、同調性と協調性を区別している。個性を前提にした「協調性」は「多様性」とセットで存在し得るが、個性を封殺する「同調性」は「多様性」を阻害するからだ。そう考えると、親も学校が強いる同調性を支持しているように見える。例えば、新入学時には、「黄色い帽子」が学校から提供されるが、それを子どもにかぶらせている。しかし、「黄色い帽子」は犯罪者のターゲットになっているのが現実だ。群馬県で小学一年生を殺害した犯人は、弁護人にあてた手紙で、「黄色い帽子が目印になる」と指摘している。同じように、三重県で三〇件の連れ去り事件を起こした犯人も、新聞記者と交わした手紙に、「黄色い帽子をかぶっているから目隠しには十分」と書いている。

前章で述べたように、子どもの連れ去り事件の八割は、だまされて自分からついていったケースだ。黄色い帽子は、「最もだまされやすい一年生」という情報を犯罪者に教えているわけだ。同調性重視の「精神論」が、犯罪機会論という「科学」に優先している事例である。

学校を卒業すると、次は会社だ。日本人は、会社に入っても、安心感やセーフティーネットと引き換えに、会社による強力なインフォーマル・コントロールを甘受しなければならない。もっとも、会社の持つ「うち」世界としての性格は、画一的な学校よりは薄れてきている。

かつて終身雇用と年功序列が支配的だったときには、会社員は、会社の縦列的秩序に寄与する無数の詳細なルールを几帳面に順守していた。そのルールは会社の公式の機会（社員研修など）や、非公式（社員旅行など）の機会を通じて学習した。ルールの不順守は会社からの心理的追放を招く恐れがあったので、会社員は残業し、有給休暇を返上し、退社後も付き合いで上司と酒を飲み、単身赴任もいとわず、忠義な会社員であり続けた。

こうした企業風土はかなり薄まってきたが、それでも欧米諸国と比べれば、残存している部分も大きい。テレビドラマ『半沢直樹』の視聴率が四〇％を超え、社会現象化したのも、今のサラリーマンが共感を覚えたからではないだろうか。会社でも「うち」意識は健在なのである。

さらに、家族、学校、会社という社会化の担い手のほかに、日本には町内会・自治会という包括機能的・地域独占的な住民組織が存在する。これも日本独特の組織だ。町内会への加入率は低下してきているものの、そこには多くのおせっかい焼きが存在し、地域的に妥当な行動を指示する無数のルールを強制している。これも、インフォーマル・コントロールであり、それに従わないと、「村八分」にされる恐れがある。

こうした社会化の結果、日本人には集団に「近づく強さ」としての精神力が備わる。言い換えれば、日本人は「うち」集団による強力なインフォーマル・コントロールを受けて鍛えられ、個性を抑え込む術を習得するのである。

もっとも、日本人は、「うち」集団によって画一化されるほど意志力の弱い存在ではない。欧米人からは見えにくい領域、ささやかな領域で、日本人は個性を発揮する。そうした日本人のきまじめさが顔を出すのがミクロの芸術や技術だ。俳句、扇子、盆栽、折り詰め弁当、カップヌードル、トランジスタラジオ、カード電卓、小型自動車、ウォークマン、ファミコン、ナノテクノロジー（超微細技術）がその例である。こうした日本のお家芸は、韓国の初代文化部長官を務めた李御寧から「縮みの文化」と評されたこともある。

こうした「うち」意識は、明治維新後だけでなく、第二次世界大戦後に再び欧米的「個人／社会」の二分法に基づく「権利と義務」の導入が試みられたときにも生き延びた。今でも、日本人が「権利と義務」を意識するのは「よそ」世界にいるときであり、「うち」世界では、相変わらず「甘えと義理」がまかり通っている。

無防備な「うち」意識が日本をガラパゴス化している

「うち／よそ」という日本人の意識構造は、何重もの入れ子構造によって日本の社会的風土になっている。例えば、学校の班や会社の課で植え付けられた「うち」意識は、より大きな「うち」である町内会や業界団体などによる橋渡しによって、最も大きな「うち」である国家の隅々にまで行き渡り、日本人に共通する意識となっているのだ。

そのため、日本人は、無数の情緒的なルール（義理）を、たとえそれがささいなことであっても、あるいは不合理なことであっても律義に守る。いわゆる「同調圧力」だ。その結果、日本人は、勤勉で、我慢強く、気配りが利くようになる。

これは、アリゾナ大学のトラヴィス・ハーシとマイケル・ゴットフレッドソンが、人を犯罪から遠ざける決め手として挙げた「克己心」の要素だ。かつてサッカー日本代表監督のフィリップ・トルシエが、赤信号だと車が来なくても道路を渡らないのが日本人と皮肉った。そんなささいなルールさえ破れない人間が、犯罪という重大なルール違反へと走るわけがない。これが、第二次世界大戦後、欧米諸国で犯罪が激増したにもかかわらず、日本の犯罪率が低いままだった理由である。

個人主義的な意識が強い欧米では、集団の外に出るためのハードルは低い。そのため、「うち」集団のように一つにまとまる必要はない。むしろ、一つにまとまることを嫌悪する。個人があちこち動き回る社会にふさわしいルールは、ドライな「権利と義務」である。個人と個人がぶつかりトラブルが発生したら、その都度調整すればいいだけのことだ。つまり、欧米型の集団は、日本の「うち」集団と異なり、トラブルそのものを抑え込もうとはしない。そういう社会では、犯罪が多発しても不思議ではなかったのだ。

しかし、日本型の「うち」集団の団結力が犯罪を助長することもある。なぜなら、「同調圧力」に屈しない人には容赦ない攻撃が加えられるからだ。その典型が「いじめ」である。同調プレッシャーが強いから、集団メンバーの誰一人として「それはおかしい」「やめた方がいい」と声を上げられず、いじめがエスカレートする。

体罰も同じだ。同調プレッシャーが強いから、教師仲間も子どもも「こんな指導は非科学的だ」「暴力は許されない」とは言えない。KY（空気読めない）という流行語、一人で食べる姿を見られたくないからトイレの個室で昼食を取る「便所飯」、友達からのメールにすぐに返信する「即レス」、自分に期待されたキャラ（キャラクター）を演じてキャラがかぶらないようにする「キャラ化」などは、学校世界での同調プレッシャーの強さを物語っている。

社内のセクハラやパワハラも同じである。被害者は「うち」集団からの追放を恐れて、泣き寝入りする。上司も同僚も、同調プレッシャーが強いから、見て見ぬふりをしてしまう。仮にトラブルが集団内で顕在化しても、「うち」集団にとっては、集団を守ることが最優先なので、トラブルが「よそ」世界に知られないように必死になる。いわゆる「隠ぺい体質」である。

コンプライアンス（法令順守）のためにチクれば、集団の「和」を乱したとして、村八分にされる危険性が高い。そのため、セクハラ、パワハラ、いじめ、体罰だけでなく、児童虐待、高齢者虐待、食品偽装、建築偽装なども、なかなか表に出ない。こうして、「うち」世界の犯罪は闇に葬られることになる。

公的には、日本の犯罪率は海外に比べて低い。しかし、それはあくまでも、「よそ」世界の数字である。被害届が出されず、したがって認知されない「うち」世界の犯罪は、いったいどのくらいあるのか、誰にも分からない。もしかしたら、「うち」＋「よそ」の合計で見れば、犯罪率は、日本と海外で変わらないのかもしれない。

ここまで「うち」意識について詳しく解説してきた。それは、「うち」意識こそ、日本人の防犯意識を希薄にしている張本人と思われるからだ。「うち／よそ」という単純化した「フレーム」をあえて使ったのも、バラバラな情報を意味的に一つのまとまりのあるものとしてグループ化するための認知装置が必要だったからだ。

科学はいつでも、実際（厳密性・複雑性）か、それとも実践（操作性・単純性）かというジレンマを抱えている。本書では、実践（政策や活動）を優先させたいので、あえてフレーム分析という手法を採用した。

話を「うち」意識に戻そう。日本人の防犯意識や危機意識が低いのは、「うち」意識が強いからだ。本来であれば、公共の場所で無防備になるのは望ましくない。しかし、無防備になるのは、そこを「うち」世界だと思っているからに違いない。自分の部屋にいるのと同じ感覚で公共の場所にいるから、警戒を怠ってしまうわけだ。

こうした無防備な「うち」意識、言ってみれば温室育ちの防犯意識は、前述したように、日本の誕生とともに芽生えたが、その後日本が一度も異民族に侵略されなかったため、揺らぐことなく、現代の日本人に引き継がれた。

日本よりも海外の防犯意識が高いとされる理由

一方、ヨーロッパや中国に行くと、街の境界を一周する城壁が今も高くそびえているのに驚かされる。かつて民族紛争が絶えず、地図が次々に塗り替えられていた陸続きの国々では、異民族による奇襲侵略を防ぐためには、人々が一カ所に集まり、街全体を壁で囲むしかなかった。城壁都市の誕生である（写真14）。

このように海外では、「都市づくり」と言えば、城壁都市の建設を指すのが一般的だ。ところが日本では、城壁都市はついぞ現れなかった。その必要性がなかったからだ。四方の海が城壁の役割を演じ、しかも台風が侵入を一層困難にしたため、日本本土は建国以来一度も異民族に侵略されたことがない。そのため、日本では「城下町」はつくられても、大陸諸国にあるような「城中町」がつくられることはなかった。

まさに歴史の奇跡である。生活の安全は、いつの時代でもどこの国でも最優先事項とされてきた。戦争という名の強盗殺人から命と生活を守ることに、人々は心血を注いできたのだ。にもかかわらず、海外では一般的な城壁都市も、日本にはついに現れなかった。そこまで激しい防衛意識（防犯意識）を持たなかったからだ。戦国時代でさえ、村人や町人が弁当持参で合戦を見物していたほど、危機意識が乏しかった。

「天高く馬肥ゆる秋」という中国の防犯標語も、日本に伝わると心地よい言葉になった。この言葉は、元々、北方民族が夏の放牧で肥えた蒙古馬に乗って秋の収穫期に襲来し、略奪することへの警戒を促すものだった。さし

写真14　スペインの中世城壁都市アビラ

ずめ万里の長城がハード面の対策で、この警句がソフト面の対策といったところだ。それが日本では、食欲増進のためのキャッチコピーになった。さもありなん。日本人は、のんきな性分なのである。

城壁都市は犯罪機会論のプロトタイプ

第1章と第2章では、日本で犯罪機会論が広まらず、領域性と監視性のメニューも乏しいと繰り返し説明した。その原因も、「うち」意識を醸成した日本の地理的・歴史的な特殊事情にある。その証拠は、世界各地に今も残る史跡や文化遺産を見れば確認できる。とりわけ、海外で普通なのに日本ではついぞ生まれなかった城壁都市こそ、犯罪機会論のプロトタイプ（基本型）だ。

海外では、領域性（入りにくさ）と監視性（見えやすさ）に配慮した都市づくり、つまり城壁都市づくりを、五〇〇〇年にわたって経験してきた。そのため、日本人の「うち」意識と同様に、犯罪機会論は西洋人のＤＮＡに深く刻まれている。その結果、現在においても、公園やトイレのデザイン、あるいは都市計画や街づくりには、犯罪機会論が自然に盛り込まれることになる。

海外の公園では、子ども向けエリアと大人向けエリアを、フェンスやカラーで明確にゾーニング（すみ分け）し、遊具は子ども向けエリアに、樹木は大人向けエリアに集中させている。「入りにくい場所」にしているわけだ。フェンスで仕切られた遊び場では、子ども専用のスペースに入るだけで、子どもも周りの大人も警戒する。そのため、だまして連れ出すことは難しい。

繰り返しになるが、子どもの連れ去り事件の八割は、だまされて自分からついていったケースだ。前出の宮﨑勤事件だけでなく、神戸のサカキバラ事件（一九九七年）でも、奈良女児誘拐殺害事件（二〇〇四年）などでも、だまして連れ去られた。西宮女児誘拐事件もだまして連れ去ったケースだが、前章ではフェンスがあれば防げたと述べた。その根拠は上述した通りである。

ロンドンの公園でも、遊具のある遊び場はフェンスで囲まれている（**写真15**）。その姿は、さながら城壁都市のミニチュアのようである。

対照的に日本の公園は「みんなの公園」などと呼ばれ、子どもと大人でゾーニングされていない。遊具の周囲にフェンスはなく、個々の遊具もバラバラに置かれている。これでは、大人と子どもが簡単に接近できる。つまり、だましやすい環境だ。犯罪機会論のキーワードを使えば、「入りやすい場所」ということになる。

フェンスは、「ディフェンス」という言葉から派生したことからも分かるように、守りの基本形だ。つまり、ポジティブな概念である。ところが、日本人の多くは、「檻のようだ」として、ネガティブな概念を抱いている。

フェンスをめぐる欧米人と日本人の意識の違いは、映画『フェンス』に対する批評においても見て取れる。『フェンス』は、デンゼル・ワシントン監督・主演で、アカデミー賞の作品賞、主演男優賞、助演女優賞、

写真15　ロンドンの公園

脚色賞にノミネートされ、ビオラ・デイビスが助演女優賞を獲得した映画だ。この『フェンス』について、日本の全国紙では、「フェンス」の意味を、「人種間の壁であり、夫婦の溝であり、親子の葛藤である」と説明していた。しかし、この解釈は的外れだ。欧米メディアの解釈とは異なる。

映画の中でビオラ・デイビスが歌っているゴスペル「JESUS BE A FENCE AROUND ME」（イエスよ、私を囲むフェンスになって）からも明らかなように、ここでの「フェンス」の意味は「人種差別という悪魔から家族を守るもの」だ。つまり、この映画は、フェンスの中に息子をつなぎとめて守りたい父親と、フェンスの外に出てリスク覚悟でチャレンジしたい息子、そして両者の気持ちが分かる母親が織りなす人間模様を描いた作品なのである。

たかが「フェンス」、されど「フェンス」。ポジティブにとらえる欧米人と、ネガティブにとらえる日本人との意識の違いは、やはり城壁都市の経験値の相違からもたらされているのだ。

防犯には時間も費用も手間もかける

トイレの設計も、日本と海外では大きく異なる。筆者が世界一〇〇カ国のトイレを調査した結果では、日本のトイレは、構造上、犯罪が起きる確率が最も高いと言わざるを得ない。それだけ「入りやすい場所」なのである。海外では、犯罪機会論に基づき、パターン（手口）とプロセス（動線）をきちんと分析した上で設計している（**図表7**）。

日本のトイレは通常、三つのゾーンにしか分かれていない。男女専用以外のゾーンには「みんなのトイレ」「だれでもトイレ」などという名が付けられ、身体障害者用トイレは男女別になっていない。つまり「入

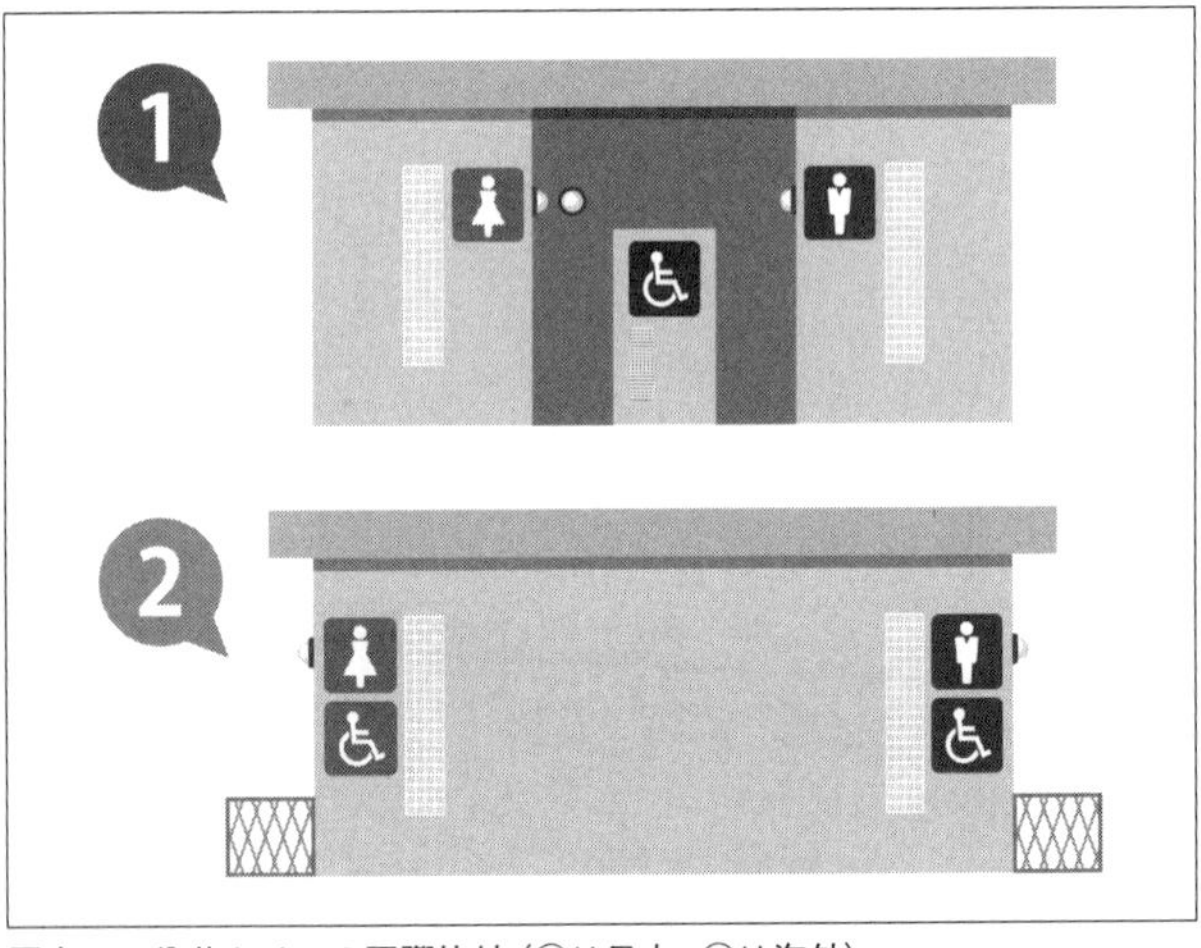

図表７　公共トイレの国際比較（①は日本、②は海外）

りやすい場所」だ。

これに対し、海外のトイレは通常、四つのゾーンに分かれている。日本と異なり、男女別の身体障害者用トイレが設置されることもあれば、男女それぞれのトイレの中に障害者用個室が設けられることもある。海外では、男性用トイレの入り口と女性用トイレの入り口が、かなり離れていることも珍しくない。入り口が離れていると、男の犯罪者が女性を尾行して、女性用トイレに近づくだけで目立ち、前を行く女性も周囲の人も、おかしいと気付くからだ。つまり「入りにくい場所」なのである。

このように、日本ではゾーニングの発想が乏しい。それは、「何事もみんなで」という精神論が影響しているからだ。「理性よりも感情」「熟考よりも気合」が重視される日本では、「利用者層別の公園」や「利用者層別のトイレ」よりも、「みんなの公園」や「だれでもトイレ」の発想の方が支持されやすい。しかしそれでは、子どもや女性といった弱者を守れない。

「みんなの公園」や「だれでもトイレ」は、「和の精神」に沿うものであり、「うち」意識に合致しているので、何の疑問もなく受け入れられてきた。しかし、それは、かつての流行語「赤信号みんなで渡れば怖くない」が示すように、思考停止を意味する。それがもたらすのは、常識という「空気」だけで防犯できるという思い込みだ。

さて、そろそろ本章の結論を述べよう。

欧米諸国では、城壁都市というデザインにより犯罪機会論を大昔に採用した。城壁都市では、その中に入れば安全だ。したがって、無理やり全体行動を強いる必要はない。その結果、多様性が育まれ、城壁都市の中は、多くの民族が住み、人種のるつぼと化した。要するに、欧米諸国はハード的にはクローズドだが、ソフト的にはオープンなのだ。

対照的に、日本は城壁都市がつくられなかった。そのため、安全な場所はなかった。そこで、見えない壁をつくることにした。「うち」世界の誕生だ。しかし、「うち」世界は城壁都市のように壁で守られているわけでないので安全度は低い。そのため、「うち」世界では、無理やり全体行動を強いることにした。画一性の押し付けである。それに従わなかった者を「うち」世界から追放することで、「うち」世界の安全を確保しようとしたのだ。これが同調圧力のルーツである。要するに、日本はハード的にはオープンだが、ソフト的にはクローズドだ。日本は、城壁都市をつくらなかったが、「うち」集団という「見えない壁」をつくったわけだ。

こうした相違が今でもはっきりと存在する。

前章で取り上げた大阪教育大学附属池田小事件は、その典型だ。前章では、日本の学校がハード的にはオープンでソフト的にはクローズドだが、海外の学校はハード的にクローズドでソフト的にオープンだと説明したのは、まさにこうした歴史が反映した発想なのだ。

日本では公園やトイレのゾーニングが採用されていないが、欧米諸国ではゾーニングに基づく多様性が実現されているのも、歴史の相違がもたらしたものだ。フェンスをポジティブにとらえる欧米人と、ネガティブにとらえる日本人との意識の違いについてはすでに説明した。海外の公園では、遊び場がフェンスに囲まれていて安全なので、不審者を探す必要はない。しかし、日本の公園では、遊び場がフェンスで囲まれてなく危険なので、不審者を探して安全を守ろうとしているのだ。

これまで述べてきたように、日本人の防犯意識や危機意識の低さが「うち」意識に根差しているのなら、「うち」意識を解消すれば防犯意識が高まることになる。しかし、それは困難と言わざるを得ない。意識の解消と言っても、何しろ「うち」意識は、二〇〇〇年以上にわたり外圧や動乱があっても微動だにしなかった意識である。言わば血肉化した思想、日本人のＤＮＡに深く刻まれた思考である。簡単に消せるはずがない。

しかし、ここで言う意識は「無意識」のことだ。日本人は犯罪原因論を意識的に使っているわけではない。同様に、欧米人も犯罪機会論を意識しているわけではない。公園やトイレを設計しようとすれば、無意識に犯罪機会論を採用しているのだ。

筆者が海外で公園の調査をしていると、近くに寄ってくる利用者がいる。公園のデザインについて説明すると、「なるほど！」と驚かれる。逆に、日本でトイレのデザインについて説明すると、やはり「なるほど！」と驚かれる。第1章で触れたマーク・トウェインの言葉を思い出していただきたい。「人がトラブルに巻き込まれるのは知らないからではない。知っていると思い込んでいるから」は、場所の見方にも妥当する。犯罪原因論も犯罪機会論も、一般の人にとっては無意識の産物なのだ。ここにこそ、犯罪原因論を打破する突破口がある。

日本人が犯罪機会論を採用しない理由として、頻繁に使われるのが3つの「M」。それは、「もったいない」「むずかしい」「めんどうくさい」の3Mである。これでは、防げる犯罪も防げない。犯罪被害を「運」や「偶然」のせいにするだけだ。しかし、これは無意識の成せる技。意識的に「もったいないが」「むずかしくても」「めんどうくさいが」という方向に持っていければ、犯罪機会論への道が開かれる。本当は、誰でも被害に遭う確率を下げたいと思っているはずだ。その人たちに向けて、思い込みを解き、犯罪機会論を意識に上らせれば、犯罪原因論を打ち破ることも十分可能であるに違いない。

鉄道公安職員

鉄道の防犯を語る上で、鉄道公安職員そして鉄道警察隊の存在があります。鉄道公安職員は国鉄時代に、国鉄職員でありながら鉄道施設内での犯罪と戦い続けてきました。国鉄分割民営化後は、その役割を警察組織である鉄道警察隊に引き継いで今に至ります。ここでは、鉄道公安職員として活躍された雨宮優氏へ編集部がお話しを伺いました。当時と今では時代背景も異なるので、以前はこのようなこともあったということを知っていただけたらと思います。

――本日はよろしくお願いします。早速ですが経歴を教えてください。

雨宮 昭和三八（一九六三）年に国鉄に入社し、渋谷駅、新鶴見操車場で勤務しました。その後、あこがれもあった鉄道公安職員の受験資格を得、試験に合格しました。中央鉄道学園普通課程公安科で教育を受け、修了後昭和四二（一九六七）年に東京鉄道管理局東京公安機動隊に配属。そこでは鉄道公安職員としての執務、術科（柔道・剣道・逮捕術）、部隊訓練などの基本的な教育と警備方法、デモ対策などといった実践的な業務を学びました。昭和四四（一九六九）年に東京鉄道管理局が東京南・東京北・東京西の三局に分割されたタイミングで、東京西鉄道管理局の新宿鉄道公安室に異動。新宿鉄道公安室で二年、立川鉄道公安室で五年、新宿に戻り公安班長を二年、甲府鉄道公安室で公安主任を一年、そして捜査主任として再び新宿に戻ってきました。その後、東京西鉄道管理局営業部に異動となり、国鉄分割民営化を迎えました。

――異動が多いのが意外に感じます。

雨宮　職場の上司が要員配置の関係で、職員の経験や力量等を考慮して決めていたと思いますが、班長や主任などに昇職すると、基本的に異動でした。私の場合、「そろそろ受けてみてはどうか」などと上司に声をかけていただくこともあったのですが、無事に試験に合格し、異動となったことが多かったです。

――鉄道公安職員は鉄道施設の防犯にあたるというイメージがあるのですが、実際はどうでしたか。

雨宮　主な業務は、「警備」「捜査」「荷物事故調査」です。警備とは、地上や列車内が対象の「通常警備」、お召列車や銀行券などを警護する「特別警備」、自然災害や事故に対応する「非常警備」がありました。学生運動が激しかった時期だったこともあり、デモ対策としての駅頭警備や沿線警備などは印象に残っています。捜査とは、与えられた司法権に基づき、鉄道施設内および運輸に関わる犯罪の捜査を行いました。暴行や傷害、窃盗、詐欺（キセルなど）の捜査が多かったです。荷物事故調査とは、国鉄は貨物輸送や小荷物輸送を取り扱っていたため、規定に従って荷物に関する事故の調査を行っていました。一時預かりの荷物や遺失物の調査も含まれています。盗難や不着、紛失、破損などの事故種別による調査も行いました。

――**多岐にわたる仕事をしていたことが意外でした。**

雨宮　鉄道公安職員である前に国鉄職員です。司法権を持つ者としてまさに二足の草鞋を履いていました。（そう言って見せていただいた公安手帳には、国鉄の旅客営業規則が記されていました）

――**お客さまと犯人の見分けをつけるのが難しそうです。**

雨宮　捜査係として現場に長く携わりましたが、スリや痴漢等の犯人とお客さまを見極めることは難しいです。捜査中は目に着目していました。犯人は対象にする財布や人物を見定めてから行動を起こすため、その一連の所作を見極めてから捜査のために尾行します。

――**鋭い観察眼と経験に裏打ちされた技術なのですね。声かけを行うことはありましたか。**

雨宮　国鉄職員の側面も持つ以上、お客さまを疑って声かけすることは困難を伴いますが、犯行現場では自信をもって毅然とした態度で逮捕します。犯人を捕まえることはお客さまに安心・安全を提供することですから。

――**立地も雰囲気も異なる場所に勤められていましたが、エリアによる特色はありましたか。**

雨宮　警備の内容や事件・事故の内容が異なりました。新宿中央鉄道公安室管内の場合、日本有数の乗降客数を誇る場所ということもあり、ラッシュ時の乗客整理や異常時の各駅からの要請、駅の巡回警備、歓楽街帰りの酔客同士のトラブル対応が多かったです。捜査関係では、不正乗車の他、混雑を狙ったスリや置き引きなどの検挙が多かったです。警視庁のスリ係の刑事さんもよく張り込んでいました。立川鉄道公安室管内は、中央本線以外に青梅線、五日市線、南武線、横浜線、相模線、八高線があり、広いエリアの沿線警備が大変でした。ベッドタウンということもあってか、子どものいたずらによる置き石も多かったです。捜査関係では、寝過ごして起きないお客さまを狙ったスリや、踏切でエンストして列車を止めてしまう事故も多かったです。甲府鉄道公安室管内は立川鉄道公安室管内の状況を縮小した感じでしたが、列車内で事件が発生すると、駅間の距離が長いため対応に時間がかかることもありました。当時、列車内でアイスクリームを無許可販売するグループを検挙したことがありましたが、まさに中央本線の列車内の特徴で、甲府管内の特色だと思います。

――**スリや痴漢などの被害に遭いやすい場所やタイミングはあるのでしょうか。**

雨宮　車内だとドア付近、特にドア横のスペースが被害に遭いやすいです。理由は、犯人がドア前で犯行をし、そのまま逃げやすい場所となるからです。タイミングは乗降時が多いです。スリは手持ちの新聞・雑誌や上着で自分の手元を隠して犯行に及ぶことが多く、痴漢は乗車前からまたは乗車後に被害者と密着します。現在も共通する部分があると思うので、相応の自衛をした方が個人的には良いと思います。通勤通学時は難しいかもしれませんが、混雑を避ける、ドア付近にいない、カバンなどの手荷物は前に抱えるといった対策が有効でしょう。

――確かに、被害に遭う確率を減らすために自衛することは大事ですね。

雨宮 残念ながら鉄道での犯罪をゼロにすることは不可能に近いと思っています。そこで大事なのは一人ひとりの防犯への意識だと思います。鉄道公安職員として勤めていた当時と今では治安や状況も違います。鉄道公安の制度が出来た頃は終戦後の混乱期で治安が乱れており、今では考えられない状況だったでしょう。鉄道公安職員となった当時でも、施設内での無許可営業や、重量オーバーした手荷物品を持ち込む行商人の取り締まりなどを行っていましたが、今ではほぼ見かけません。きっぷでは多かった不正乗車もＩＣカードの普及で変化したと思いますし、高架化が進んだことで踏切事故や置き石も減ったことでしょう。60年代に活発だった闘争や学生運動も今では考えられません。ある時、久しぶりに警視庁スリ係の刑事さんと会ったところ、「人の流れも変わり日本人以外の逮捕者も増えた」と話していました。このように犯罪および犯罪被害は時代や人の流れにより変化するものだと思います。今を生きる人たちは、社会情勢を鑑み変化に対応することで、より安全に利用できる鉄道にしていって欲しいと思います。

第4章

列車内や駅舎の防犯知識

公共の場に対する日本と海外の意識の違い

前章までは、犯罪機会論の思考フレームと、それが日本で普及しない理由である「うち」意識について詳しく説明した。「うち」意識があるから、犯罪機会論に鈍感になり、結果として公共の場所で無防備になってしまうというのが結論だ。

本章ではそれを踏まえて、列車や駅舎で、なぜ無防備になるのか、どう無防備なのか、どうすれば無防備でなくなるか、といった点について検討していきたい。

私たちが列車に乗ると、

「車内では携帯電話の通話はご遠慮ください」

と、聞き慣れたアナウンスが流れてくる。だが、それがマナーになっているのは、どうやら日本だけらしい。欧米諸国では列車内でも、人々はごく普通に堂々と携帯電話で会話している。なぜ、日本では列車内の通話が禁じられているのか。

それは、携帯電話が普及するにつれ、鉄道各社に「車内通話がうるさい」という苦情が殺到したからだ。日本民営鉄道協会のマナーアンケート「駅と列車内の迷惑行為ランキング」でも、調査を開始した一九九九年から二〇〇三年まで「携帯電話の使用」が一位だった。

では、なぜ日本人は車内通話を不快に感じるのか。常識的には、声が大きくてやかましいから、ということになるのだろうが、これはおかしい。やかましいのが理由なら、バカ騒ぎする中高生やパワフルなマシンガントークのおばちゃんも負けてはいない。しかも携帯電話は、ヒソヒソ話でも周囲をイライラさせている。したがって、声の大きさではない何かが不快感をもたらしているはずだ。

それが、前章で詳論した「うち」意識だ。不快感が生じる背景には日本人独特の「うち」意識があるのである。言い換えれば、日本人が携帯電話の車内通話を不快に思うのは、車内を「うち」世界と感じているからだ。どうやら日本人は、列車に乗り込んでいるときも、まるで「うちの家」にいるかのように、極端に言えば、自分の部屋にいるかのように反応するようだ。そしてこの反応の結果が不快感なのである。

読者は、自分の部屋に誰かを招き入れたとき、その人が携帯電話で別の人と話し始めたら、どう感じるだろうか。「なんて失礼な人だ」と思わないだろうか。もし思うのなら、それが車内通話に対する不快感の正体である。

自分の目の前にいながら、つまり「うち」の中にいるのに、心ここにあらずで「よそ」の人に関心を向けている。だからこそ不愉快になる。明治大学の石川幹人も、「携帯電話で話し始めると、その人だけが別の世界に出て行ってしまい、連帯感が壊され周囲が不快感を抱く」と述べている。

実に奇妙なことだ。列車内は公共の場所であるはずだが、意識の中では依然として自分の部屋にいるままというわけだ。これが欧米であれば話は簡単だ。「個人／社会」の二分法、言い換えれば「私／公」の二分法の下では、自分の部屋でない列車内は公共の場所と意識せざるを得ない。何となく不快に思ったとしても、車内の公共性は尊重されなければならない、と自分を納得させるしかない。

しかし、「うち／よそ」の二分法が鮮明な日本の場合は状況が異なる。「うち」は意識であり、主観的な要素なので、人的にも物的にも伸縮自在だからだ。そのため、少なくとも、列車内は「うち」であるらしい。だからこそ、ロングシートの列車に乗り込んでいる最中でも、おにぎりやハンバーガーを食べ、念入りに化粧を施し、泥酔状態で熟睡している。そして携帯電話の車内通話は、前述したように、身内（うち）による裏切りなので、許されざる行為と見なされるのだ。

対照的に海外では、列車の座席で酒を飲んだり、食事をしたりすることは認められていない。例えば、アメリカ（**写真16**）やシンガポール（**写真17**）では、車内飲食に罰金を科すというポスターやステッカーが車内に掲示されている。

　このように、「うち／よそ」という考え方が強い日本と異なり、「私／公」の二分法が鮮明な海外の場合、列車内は公共の場所とされる。そのため、そこを私物化するような行為には、厳しく対応することになる。上記の掲示には、それが象徴的に表われている。

写真16　アメリカの車内掲示

写真17　シンガポールの車内掲示

　そして、列車内が公共の場所である以上、携帯電話の通話についても、道路上の通話と同様に取り扱う必要がある。つまり、携帯電話の車内通話を認めるわけだ。そのため、海外では、携帯電話の車内通話が許されている。例えば、イギリスでは、他人に配慮して携帯電話を使用するよう促すステッカーが車内に掲示されている（**写真18**）。ただし、イギリスでも、「クワイエット・コーチ（静穏車）」では、携帯電話の使用が禁止されている。そこでは、乗客同士が大声で会話することも厳禁だ。

写真18　イギリスの車内掲示

海外で進む防犯カメラの設置

列車内が公共の場所なら、防犯カメラも道路上と同じように設置すべきということになる。実際、防犯カメラの先進国であるイギリスでは、二〇〇一年に、ロンドンの公営地下鉄において車両内へのカメラ設置が、ジュビリー線を皮切りに始まった（**写真19**）。

防犯カメラの設置は、犯罪機会論のキーワードを使えば、「見えやすい場所」にする方法だ。もっとも、防犯カメラをモニター室からリアルタイムで注視していなければ、犯罪を未然に防ぐことは難しい。そこで、地下鉄の事務所内にモニター室が設けられた（**写真20**）。対照的に、日本では、ほとんどの防犯カメラをリアルタイム・モニタリングすることなく、録画のみを行っている。

列車内が公共の場所なら、バス内も公共の場所になるはずだ。ということで、イギリスでは、バスにも防犯カメラが設置されるようになった（**写真21**）。そして、この動きは、犯罪機会論を実践する諸国に広まり、列車やバスへの防犯カメラ設置は、当たり前になった。

写真19　ロンドンの地下鉄の防犯カメラ（数字のゼロの上にカメラ）

写真20　ロンドンの地下鉄のモニター室

写真21　ロンドンのバスの防犯カメラ

例えば、オーストリアのウィーンの地下鉄や（写真22）、オーストラリアのメルボルンの路面電車（トラム）にも（写真23）、車内監視カメラが導入されている。

日本でも進み始めた防犯カメラの設置

ようやく日本でも二〇二三年、国土交通省が都市部の新造車両へのカメラ設置の義務化に踏み切った。イギリスから二〇年以上遅れての実現だ。なぜこれほどまでに遅れたのか。それはすでに述べたように、「うち」意識のせいである。日本人の多くが、防犯カメラで車内にいる姿を見られることに抵抗があった。なぜなら、そこは「うち」だから、自分の部屋だからだ。

かつて日本では、防犯カメラはプライバシーを侵害するという意見がしばしば聞かれた。

写真22　ウィーンの地下鉄の防犯カメラ

写真23　メルボルンの路面電車の防犯カメラ

しかし、これはプライバシーと「うち」意識を同一視したものだ。

そもそも、プライバシーとは、私生活がみだりに公開されないことを指している。とすれば、公共の場所では、容姿や行動が公開されるので、公共の場所を利用する人は、その範囲でプライバシーが制約されることを容認していると考えられる。言い換えれば、プライバシーが制約される場所こそ、公共の場所と呼ばれるのにふさわしいのだ。したがって、列車内が公共の場所なら、プライバシーは制約されて当然で、列車内が私的な場所なら、プライバシーを制約してはならないのである。そして、日本人は列車内を「うち」と思っていたから、防犯カメラの設置に抵抗があったわけだ。

そのため、車内への防犯カメラ設置の要求が高まったときも、鉄道会社は恐る恐る設置した。例えば、二〇〇九年に初めて防犯カメラがＪＲ埼京線の車内に設置されたが、それは大宮方向の先頭車両（一号車）にだけだった**（写真24）**。

写真24　ＪＲ埼京線の車内防犯カメラ

公共の場の秩序は守られなくてはならない

ここに来て、防犯カメラ設置の義務化という形で一つハードルを越えることができた。もっとも、鉄道会社は、相変わらず、申し訳なさそうに防犯カメラを設置しているのが現状だ。できるだけ目立たないよう配慮している。これも、欧米諸国とは、大きな違いだ。犯罪を企図する者に、防犯カメラの存在を気付かせなければ、抑止力にならない。そのため、海外では、防犯カメラの存在を強烈にアピールしている。例えば、イギリスでは、巨大

写真25　イギリスの駅の防犯カメラのポスター

写真26　乗務員への暴力禁止を訴えるポスター

なポスターがあちこちに掲示されている（**写真25**）。

それだけではない。列車内が公共の場所なら、その秩序を維持するのは乗務員の仕事である。それを邪魔してはいけない。乗務員に暴力を振るうなどもってのほかだ。そのため、イギリスでは、列車スタッフに対する暴力には厳しく対応する。地下鉄の車内には、暴力を振るった場合、防犯カメラの画像を使って起訴するという警告ポスターが掲示されている（**写真26**）。

日本で車内カメラ設置が義務化したことは歓迎すべきことだが、さらに、犯罪機会論に基づく対策を進めていただきたい。犯罪機会論を知れば、なぜイギリスで、乗務員への暴力に厳格に対処しているのかが、理解できよう。

残念ながら、多くの鉄道会社は、犯罪機会論を知らない。そのため、奇妙なステッカーが車内に掲示されたりする（**図表8**）。日本語では「駅

お願い
駅構内や車内で不審者・不審物を見かけた際は、駅係員または乗務員までお知らせください。
ご理解・ご協力をお願いいたします。
A request
Please notify station staff or crew members when you see any abandoned belongings or suspicious objects either on a train car or at the station.

図表8　日本語と英語で食い違う掲示例

構内や車内で不審者・不審物を見かけた際は、駅係員または乗務員までお知らせください」と書かれてあるが、英語では、「不審者・不審物」が、「遺棄物（abandoned belongings）・不審物（suspicious objects）」になり、「不審者」という言葉が消えている。

海外で「不審者」という言葉が使われないことは第1章で述べた通りだ。イギリスの駅のポスターにも「不審者」は登場しない。登場するのは「不審物（something suspicious）」である**（写真27）**。注意喚起をすることはもちろん大事だが、こういった車内掲示は、いみじくも、日本の常識と世界の常識が食い違っていることを物語っている。

割れ窓理論の観点で防犯を考える

もっとも、日本の列車にも、犯罪機会論の視点から高く評価できる取り組みもある。JR総武本線の荷物棚は下から見えるシースルーになっている**（写真28）**。犯罪機会論のキーワードで言えば、「見えやすい場所」だ。これ

写真27　イギリスの駅の不審物注意のポスター

だと、窃盗犯が置き引きするのに躊躇するだろう。

また、日本の列車車両がきれいなことは、世界トップクラスであり、この点も犯罪機会論からは高く評価できる。きれいさが防犯上とても重要であることは、第２章で説明した「割れ窓理論」から明らかである。

イギリスでは、割れ窓理論が重視する「秩序の乱れ」が法律の名前に採用されている。一九九八年に成立した「犯罪及び秩序違反法」がそれだ。そうしたこともあって、イギリスでも、車両をきれいにすることが重視されている。欧米の映画では、くつを履いたまま自分の机に足を乗せるシーンがよく登場するが、それをそのまま車内でやられたら、たまったものではない。そこで、イギリスでは、車内で足を座席に置く行為が禁止されている（**写真29**）。

写真28　ＪＲ東日本のシースルー荷物棚

写真29　イギリス鉄道の足乗せ禁止の掲示

第2章で述べた通り、割れ窓理論は、犯罪の多発という大きな変化は、秩序違反行為の放置という小さな変化から始まると考える。したがって、犯罪の減少という大きな変化を引き起こすためには、秩序違反行為の減少という小さな変化を起こすことから始める必要があるわけだ。

そうした視点から取り組まれた事例のうち、最も有名なのが、ニューヨークの地下鉄による強盗対策である。第2章で説明しきれなかったのでここで解説したい。

ニューヨークは、かつて「犯罪都市」の代名詞で、地下鉄車内での強盗の横行に手を焼いていた。そこでまず、車両の落書きを犯罪の呼び水、つまり「割れた窓ガラス」に見立て、落書き消しに取り組んだ。落書きが姿を消すと、次に、犯罪の呼び水と位置づけたのが無賃乗車だった。無賃乗車を厳しく取り締まると共に、乗車用硬貨入れを壊されにくくしたり、乗客に目が行き届くように駅長の役職を新設したりした。

その結果、それまで増加していた地下鉄での強盗が減少に転じた。ニューヨーク交通局の二〇〇〇年の年次報告書によると、地下鉄での強盗は、一〇年間で八五％も減少した。落書きから、無賃乗車を経て、強盗に至る連鎖を断ち切ることに成功したわけだ。

ここで最も重要だったのが落書き消しである。第2章でも触れたように、状況的犯罪予防の一つの手法は、犯行の見返りを少なくすること。落書きの消去は、まさにこれを根拠にしている。地下鉄の落書きを消し続ければ、やがて地下鉄は犯罪者の標的にされなくなるのだ。

一九八〇年代初頭まで、ニューヨークの地下鉄の車両は落書きだらけだった（**写真30**）。しかし、一九八四年に始められたクリーン・カー・プログラムによって、一九八九年には落書きは姿を消し、落書きだらけだった車両もすっかりきれいになった。今では、ニューヨークの地下鉄は、世界で最もきれいな地下鉄の一つである（**写真31**）。

このクリーン・カー・プログラムは、いったん車両がきれいにされた後に落書きされた場合には、それが消される

写真30　昔のニューヨークの地下鉄

写真31　今のニューヨークの地下鉄

までその車両は走らせないというものだ。そのため、落書きだらけの車両に落書きした場合には、それを見てもらえるが、きれいな車両に落書きした場合には、それを見てもらえないことになった。その結果、プログラム開始から五年間で、ニューヨークの地下鉄の落書きが姿を消したのだ。

実は、ニューヨークの地下鉄車両をデザインしたのは、日本人デザイナーの宇田川信学氏だ。車内に設けたステンレスのバーが印象的だが、それには深い意味があるという（**写真32**）。

そもそも、ひったくりを防ぐためには、ドアに最も近い座席にパーティションを設置する必要がある。それがないと、犯罪者が下車するときに、端の座席に座っている人の持ち物を簡単にひったくることができるからだ。かといって、パーティションがガラスだと引っかき傷をつけられ、落書きされたのと同じになってしまう。そこで、パーティションをステ

写真32　ニューヨークの地下鉄の車内

ンレスのバーにしたのだ。

さらに、バーがはしごのようだと、子どもが登って危ないので傾斜をつけた。よく考え抜いたデザインだ。犯罪機会論のキーワードを使えば、「入りにくく見えやすいパーティション」である。

さて、ニューヨークの地下鉄の犯罪対策は、前述したように、強盗がメインターゲットになっていた。それに比べれば、日本の鉄道における犯罪は、それほど大きなものではない。もちろん、犯罪に大小はないが、問題が小さいうちにきちんと対策することが、大きな犯罪の防止につながるという点は、強調しても強調しすぎることはない。それは、割れ窓理論からのメッセージであり、ニューヨークの経験からの教訓である。

列車内における「入りにくく見えやすい場所」を考える

日本の列車における犯罪で、よく注目されるのは性犯罪と窃盗である。つまり、痴漢、盗撮、スリ、置き引きだ。これらの身近な犯罪については、防犯カメラでかなり防ぐことができる。証拠がしっかり記録されるからだ。ただし、完全に防げるわけではない。このあたりのことを分かりやすく描いたのが、周防正行監督の映画『それでもボクはやってない』だ。満員列車の中で痴漢に間違えられ、逮捕されてしまった青年の刑事裁判を描いた映画である。

周防監督は、制作の意図を聞かれた際、「痴漢事件の逆転無罪判決を報じた全国紙の記事が偶然目にとまりました。被告人の友人が列車内での再現ビデオづくりなどに協力して一緒に裁判を闘ったという内容で、もしかすると『法律の素人が専門家を打ち負かす』感動的な映画になるかもしれない」と答えている。この映画でも、痴漢行為を再現し、冤罪を立証しようとするシーンが盛り込まれたが、実際にも、白黒の判定が困難な状況が多数存在することは想像に難くない。

この映画のテーマは冤罪を生みやすい刑事制度なので、映画から被害防止の方法を導き出すことはできない。逆に、この映画からは、満員列車が性犯罪者を引き寄せる性質を持つことが伝わってくる。

第1章で述べたように、犯罪者は犯罪が成功しそうな場所を選んでくる。痴漢であれば、性的な目的が達成できて、しかも捕まりそうにない場所が、犯罪が成功しそうな場所だ。そうした場所では、性犯罪者は犯罪をしたくなるらしい。

やはり、痴漢を減らすには満員列車をなくすのが最も有効である。しかし、そうは言っても、都心一極集中という社会構造をなくさない限り、満員列車をなくすのは極めて難しい。これは日本だけでなく、どこの国でも悩ましい問題だ。そこで、犯罪機会論を活用して、「入りにくく見えやすい場所」にしようという動きがある。「入りにくく見えやすい場所」に改善すれば、犯罪の機会が減るからだ。

前述したように、痴漢を企図した者にとっては、性的な目的が達成できて、しかも捕まりそうにない場所が、犯罪が成功しそうな場所である。だが、「入りにくい場所」なら、目的を実現できそうにない。これを実現したのが、日本で見られる女性専用車だ。

女性専用車に対しては、男女差別になるとして反対する意見もある。女性専用車を設けるなら、男性専用車も作るべきだというのだ。しかし、これも日本人によく見られる感情論・精神論である。犯罪機会論という科学の立場からは、女性専用車は十分合理性がある。なぜなら、男性が女性を狙う性犯罪が圧倒的に多いからだ。例えば、『二〇二二年警察庁統計』によると、強制わいせつ事件の犯人の九九％が男性で、被害者の九六％が女性である。

この事実は、データだけでなく、生物学からも支持されている。というのは、犯罪へと向かわせる最強の生物学的リスクファクターはＹ染色体（男性にする遺伝子）だからだ。

これによってもたらされるテストステロン（男性ホルモン）は、他者への攻撃性を高めることが確認されている。

要するに、男性を守るべきという理由は、例外的な事情と言わざるを得ない。一方、女性を守るべきというのは原則と言える。原則に例外で反論するのはルール違反だ。例えば、以下のような反論を見れば、これが反則であることが理解できるだろう。

「たばこは健康を害する」に対し、「ヘビースモーカーでも長生きしている」という反論。

「飛行機は安全な乗り物だ」に対し、「墜落した飛行機がある」という反論。

このように、原則に対し、例外を持ち出して差別だと言うのは、論理が破綻していることが分かる。

女性専用車は海外にも存在する。例えば、全自動無人運転の鉄道システムとしては世界最長のドバイ

写真33　ドバイの女性専用車の掲示

メトロにも女性専用車がある（写真33）。ドバイメトロは、中東の産油国UAE（アラブ首長国連邦）最大の都市ドバイの鉄道だ。日本企業とトルコ企業のコンソーシアム（共同事業体）が建設した。

女性専用車以外の車両は、痴漢を企図した者にとって「入りやすい場所」だ。しかし、そこでも「入りにくい場所」はある。そのため、痴漢企図者は、車両内の「入りやすい場所」に集中することになる。つまり、ドア付近だ。入りやすいということは出やすいということ。犯罪者にとっては、逃げやすいということだ。トラブルになっても、あっという間にどこかへ消えていける。

また、車両への乗り降りのタイミングは、被害者への接近が容易になる。つまり、「入りやすい場所」が生まれるのだ。同時に、ごった返す状況であれば、「見えにくい場所」にもなる。乗り降りのタイミングは、痴漢企図者が好きな「入りやすく見えにくい場所」が自然に生まれるのである。

このタイミングは、スリにとっても好都合だ。スリも「入りやすく見えにくい場所」を選んでくる。スリにしても、痴漢企図者にしても、ごった返す状況は歓迎すべき条件である。堂々と身体的な接触が許される状況とみなしているからだ。

したがって、車両への乗り降りのタイミングを、ごった返す状況にしないことが望まれるが、これもまた至難の業である。そこで、少なくとも、乗る人と降りる人が接触しにくい方法が考え出された。それができれば、降りる犯罪者が、乗る人に痴漢をする、あるいは乗る人から物を盗むという危険を減らせる。犯罪者にとっては、乗るタイミングよりも、降りるタイミングの方がいい。それは、その方が捕まりそうにないからだ。

　乗る人と降りる人が接触しにくい方法は、前章で解説したゾーニング（すみ分け）だ。前章では、海外の公園では、子ども向けエリアと大人向けエリアをゾーニングしていると説明したが、駅のプラットホームにもゾーニングが施されているケースがある。前出のドバイメトロ（**写真34**）やブラジルのサンパウロの地下鉄（**写真35**）がその例だ。

　スリと同じように、置き引き犯も「入りやすく見

写真34　ドバイの駅ホーム

えにくい場所」を選んでくる。例えば、同じ荷物棚でも、「入りやすい場所」であるドア付近の棚に置かれた手荷物は持っていかれやすい。前出したニューヨークの地下鉄のパーティションも、このことを意識した対策（**写真32**）だ。

もっとも、置き引き犯は、「入りやすい場所」よりも「見えにくい場所」を選ぶことの方が多い。荷物棚に手荷物を載せた乗客が寝ているときは、絶好のタイミングだ。この場合は、乗客自らが「見えにくい場所」を作っていることになる。この点で、前出したシースルー荷物棚（**写真28**）は、置き引き犯が嫌がる対策だ。

日本人は列車でよく寝ているが、海外では、列車で寝ている乗客を見ることはほとんどない。自分から「見えにくい場所」を作らないようにしているのだ。もっとも、欧米人も航空機では爆睡している。そこは「入りにくい場所」だからだ。

写真35　サンパウロの駅ホーム

安全な場所にいても油断は禁物

荷物棚に手荷物を載せたまま爆睡するのは非常に危険だが、それ以外にも、イヤホンで音楽を聴いたり、スマホに視線が釘付けされていたりすると、犯罪者のターゲットになりやすくなる。前述したように、日本人の多くは、車内を「うち」世界とみなしており、そのため、まるで自分の部屋にいるかのように振る舞っているのだ。ノイズキャンセリングイヤホンも、「うち」世界という性質を強化している。しかし、実際、そこは犯罪者が闊歩する世界だ。

このことは車内だけでなく、プラットホームでも同じこと。歩きスマホをしている人や、スマホなどに集中していて周囲を警戒できていない人は、犯罪者にとっては無防備な人であり、格好のターゲットになる。この無防備な振る舞いを減らさない限り、いくら「入りにくく見えやすい場所」を作っても、その効果は発揮されない。

駅や車両のデザインで「入りにくく見えやすい場所」を作ることは「公助」である。しかし、第2章で解説したように、最も強い守りは「多層防御」である。「公助」のほかに、「共助」と「自助」があって、初めて多層防御が成立する。ただし、乗客同士の「共助」は、列車内、特に満員列車では難しい。「傍観者効果」が生まれるからだ。この傍観者効果についても、第2章で説明した。

もっとも、傍観者効果を減じようとする取り組みもある。例えば、痴漢を匿名で通報するスマホ用のアプリ「Ｒａｄａｒ-ｚ（旧・痴漢レーダー）」だ。二〇一九年にレーダーラボ株式会社が開発し、一年間でアプリをダウンロードした者は七万人に達した。そのシステムは、痴漢に遭ったり、被害に遭っている人を見かけたりしたら「遭った」「見た」のボタンをクリックし、その位置情報を送るというもの。その結果が最寄り駅の被害件数として集計されていくのだ。これは、「共助」の取り組みと言っていい。

しかしながら、傍観者効果をゼロにすることは不可能に近い。したがって、多層防御のためには、どうしても乗客一人ひとりの「自助」が必要になってくる。自助の方法については、無防備な人間よりも、自衛に熱心な動物の方が参考になる。車内でのリスク・マネジメントは、動物のリスク・マネジメントを真似すれば、さまざまな犯罪から身を守ることができる。

野生生物に学ぶ早期警戒

南アフリカのリスク・マネジメント専門家ガート・クレイワーゲンは、著書『ジャングルのリスク・マネジメント：アフリカの草原から学ぶ教訓』で、すべての草食動物のサバイバル術に共通する要素として「早期警戒」を挙げている。早期警戒が、近づいてくる肉食動物の早期発見につながるからだ。では、どのようにして早期警戒を実現しているのか。

弱肉強食の法則が支配するアフリカの大草原サバンナでは、肉食動物（ライオン、チーター、ヒョウ、ハイエナなど）による草食動物（シマウマ、インパラ、ヌー、イボイノシシなど）の狩りが日常的に行われている。犯罪も、「おやじ狩り」「おたく狩り」といった具合に、よく狩りに例えられる。犯罪者がハンター（狩人）で、被害者が獲物というわけだ。

肉食動物は草食動物のいそうな場所へ狩りに行く。草食動物が集まる水場は、肉食動物にとっては格好の狩り場だ。ライオンが、ネコ科で唯一、群れで生活するのも、獲物が豊富な場所（河川合流点）を縄張りとして守るためだ。

犯罪者（ハンター）も被害者（獲物）のいそうな場所に現れる。そのため、痴漢企図者やスリというハンターにとっては、満員列車が格好の狩り場だ。まるで草食動物の群れを見ながらターゲットを絞り込む肉食動物のように、痴漢企図者やスリは駅や列車でターゲットを探している。

しかし草食動物は、決して肉食動物のなすがままにはならない。だからこそ草食動物は、弱肉強食の世界で生き残ることができた。サバンナは、適者生存の法則が支配する世界でもあるのだ。つまり、強者が必ずしも適者であるとは限らない。その意味で、犯罪弱者である乗客が、草食動物の防御行動から学ぶべきことは多い。

前述したように、草食動物のサバイバル術に共通する要素は早期警戒だ。草食動物は、早期警戒に適した特徴を備えている。その特徴を生かした警戒態勢を敷き、警戒を怠らない。例えば、キリンの目は顔の側面についているので、広い範囲を見ることができる。休息するときは、それぞれのキリンが異なる方向を向くようにする。キリンに比べれば、スマホを見ながら歩いたり、スマホから目を離さなかったりしている人間は、何と無防備なことか。

サバンナで早期警戒する動物として最も有名なのはミーアキャットだ。ミーアキャットは、体長三〇センチほどのマングースの仲間。その天敵は、ワシ、ヘビ、ジャッカルだ。そのため、上空からの襲撃と地上での攻撃の双方を警戒しなければならない。そこで、ミーアキャットは、四足歩行でせわしく動き回りながらもしきりに止まり、後ろ足だけで立ち、背伸びして周りを見渡す（**写真36**）。この警戒方法を人が見習うなら、車内でスマホに夢中になるのはいいが、ときどきは目を離し、周囲の状況を確認することが求められることになる。

ミーアキャットの群れには、見張り役もいる。その任務は、大人のミーアキャットが交代で果たす。まるでシフト制の警備員のようだ。見張り役は、なるべく高い場所を選んで任務に就く。警戒任務の遂行中、担当のミーアキャットは鳴き続ける。ほかのミーアキャットたちが安心して食糧探しに専念できるよう、安全であることを知らせているのだ。ひとたび外敵が現れると、ほえて危険を知らせる。その声は、地上の敵の場合は短く、空中の敵の場合は長く発せられる。警報が出されると、ミーアキャットたちは、直ちにそろって最寄りの巣穴に逃げ込む。

写真36　ミーアキャットの早期警戒

このように、ミーアキャットは防犯やリスク・マネジメントの見本になる行動をする。そのため、これを見習おうと、ロンドン警視庁は、ネイバーフッド・ウォッチ（近隣警戒活動）のロゴマークのモチーフにミーアキャットを採用した（写真37）。

サバンナには目の悪い動物もいる。ゾウとサイがその典型だ。しかし、においと音では、ゾウとサイの能力は抜きん出ている。二〇〇四年のインド洋大津波の際、スリランカでは、津波が襲来する一時間前に、津波が発生させた超低周波音をゾウたちが感じて集団で高台に避難した。乗車中にイヤホンの大音量で音楽を聴いている人間には、ゾウとは異なり、いち早く異常を知らせる音を感じ取ることは期待できない。

クーズー（大型アンテロープ）も聴覚が鋭い。クーズーは、その胴体の色と柄が低木の幹枝のそれとよく似ているので、茂みに隠れるのが得意である。しかし、そうしたカムフ

写真37　ロンドン警視庁のミーアキャット

ラージュの最中でも、警戒を怠ることはない。その大きな耳を、回転式パラボラアンテナのように、前後に動かす（**写真38**）。レーダーを内蔵した動物のようだ。その耳にイヤホンを着けようとしたら、クーズーは何と言うだろうか。

サバンナの弱者にとっては、早期警戒が生き残り戦略の中核だ。翻って人間社会を考えてみると、犯罪弱者である普通の人々が、早期警戒を防犯戦略の中心に据えているようには見えない。厳しい環境にありながらも、けなげに生きる動物たちの姿は、安全を軽んじる人間社会への痛切なメッセージに思えてならない。

犯罪の機会を自ら作らない

このように、早期警戒は、それによって犯罪者に犯行の機会を与えないことができるので、防犯に

写真38　クーズーの早期警戒

とって極めて重要である。しかし、早期警戒どころか、自ら犯罪の機会を作って、犯罪者に差し出す人もいる。車内のあちこちに、自分の物を置きっぱなしする行為がその典型だ。これも、「うち」世界だからこその行為だ、例えば、スマホを充電するために、車内の電源を利用するのがその例だ（**写真39**）。

車内で暴力を振るわれたり、罵られたりというトラブルは、最初に相手が過度に騒いだり、マナーを破ったりしたことがきっかけで起こることがある。これも、広い意味では、犯罪の機会を生んでしまったケースだ。とりわけ、夜間帯は、疲れ切ったサラリーマンや泥酔した学生が多く乗車するので、塾帰りの子どもが我が物顔で振る舞うと、トラブルに発展する危険性がある。挑発的な行為は、悲劇的な結末をもたらすことを忘れてはならない。

写真39　スマホが放置された洗面台

「見えやすい場所」にするシースルーのデザイン

車内では、「自助」が防犯の中心になる。つまり、乗客一人ひとりのリスク・マネジメントだ。これに対し、駅舎では「公助」が防犯の中心になる。鉄道事業者が取り組む犯罪機会論やゾーン・ディフェンスだ。駅舎を「見えやすい場所」にするのは、その典型である。

例えば、ドイツのベルリン中央駅は、シースルーの駅ビルで利用客を守っている（**写真40**）。この駅舎は、二〇〇六年、サッカーのワールドカップ・ドイツ大会開催に合わせてオープンした。地上を東西線が、地下を南北線が走る、ヨーロッパ最大の交差式駅舎である。

アーチ屋根に覆われた高架ホームと、それを支えるツインのオフィスビルが組み合わさった構造をし

写真40　ドイツのベルリン中央駅

ている。いずれも総ガラス張りなので、建物の内と外の間で視線が交流し、駅の内外双方が「見えやすい場所」になっている。駅構内も、地下一五メートルまで自然光が差し込むほど障害物が少なく、両サイドのビルの窓からコンコースを見下ろせる。まさに「見えやすい場所」である。

カナダのルパート駅も、シースルーの駅ビルだ（**写真41**）。バンクーバーを走る鉄道スカイトレインの駅舎で、ここも総ガラス張りである。そのため、高架ホームへのエレベーター、エスカレーター、階段が駅の外から見通せる。逆に利用客から駅周辺も見渡せる。相当に「見えやすい場所」だ。

駅舎やビルなどで最も盗撮が多いのは、エレベーターや階段ではなく、エスカレーターだ。犯人がエスカレーターを選ぶ理由としては、犯人が被害者に近づいても気付かれにくく、体が接触しても相手に不自然に思われないこと、被害者が止まっているので盗撮しやすい

写真41　カナダのルパート駅

こと、犯行後にすぐに逃げていけること、後ろから盗撮するので犯人は顔を見られないことが挙げられる。

　これとまったく同じ理由で、スリもエスカレーターを選んでくる。階段では、相手が動いているので、スリも盗撮もやりにくい。エレベーターでは、犯人がすぐに逃げられない。エスカレーターなら、スリは後ろから近づいて、十分な物色もできる。

　しかし、カナダのルパート駅のエスカレーターでは、スリも盗撮もやりにくい。エレベーターや階段から、エスカレーターが見られているからだ。視線が三者間で交流するので、それぞれ

写真42　西出雲駅の駅舎

写真43　バルセロナの地下鉄駅の事務室

の場所が、かなり「見えやすい場所」になっているわけだ。

日本にも、西出雲駅のように駅舎がガラス張りで「見えやすい場所」になっている駅がある（**写真42**）。また、スペインのバルセロナの地下鉄駅のように、駅事務室がガラス張りになっていると、駅の通路が「見えやすい場所」になる（**写真43**）。

「入りにくい場所」にするゾーニング

駅舎やビルなどで最も性犯罪が多いのはトイレである。「トイレは犯罪の温床」と言われるゆえんだ。そのため、前章で説明した通り、海外のトイレは、犯罪の機会を奪うよう設計されることが求められている。当然、駅舎のトイレも、慎重にデザインされることになる。

例えば、韓国の天安駅のトイレは、ゾーニングがしっかりできている（**写真44**）。そこでは、左手前から男子用、女子用、右手前から男性身体障害者用、女性身体障害者

写真44　韓国の天安駅のトイレ

用と四つのゾーンを設けている。しかも、被害に遭いやすい女性のトイレは、男性がスッと入り込むのを防ぐため、奥まったところ、つまり「入りにくい場所」に配置されている。ゾーニングが施されたトイレは、犯罪者が紛れ込みにくい「入りにくい場所」だ。

海外では、駅舎のトイレも、前章で述べたように、男性用トイレの入り口と女性用トイレの入り口が、かなり離れていることも珍しくない。例えば、スペインのマドリード・アトーチャ駅では、女性用トイレの入り口から見えるところには、男性用トイレの入り口はなく、ただ場所を示す矢印があるだけだ（**写真45**）。

このように、駅舎では「公助」が、犯罪機会論や防犯環境設計を通じて、さまざまな形になり得る。ただ、日本では、犯罪機会論自体が知られていないので、「公助」が実現できるにもかかわらず、それに着手できていないのが現状だ。やはり日本人が持つ常識や思い込みの呪縛を解くことから始めなければならないのだ。

写真45　スペインのマドリード・アトーチャ駅のトイレ

この点で、小学校で行われている「地域安全マップづくり」には期待したい。地域安全マップとは、犯罪が起こりやすい場所を、風景写真を使って解説した地図である。具体的に言えば、(誰もが／犯人も)「入りやすい場所」と(誰からも／犯行が)「見えにくい場所」を洗い出したものが地域安全マップだ。犯罪機会論を誰でも楽しみながら学べるツールとして、二〇〇二年に筆者が考案した。

地域安全マップづくりによって、子どもたちの「景色解読力」、つまり景色がはらむ危険性に気付く能力が向上すれば、その子どもたちを通じて、駅舎の姿が変わっていくかもしれない。日本の子どもたちが一八歳になる前に、その常識を世界の常識と置き換えようとする試み――それが地域安全マップづくりである。

列車内や駅舎の防犯知識　まとめ

- ●「入りやすい」「見えにくい」を作り出さない
- ・歩きスマホやスマホ注視、周囲の音を完全に遮断するレベルのノイズキャンセルは危険
- ●不特定多数の人が集まる場所は「見えにくい場所」
- ・集団意識が働くので他人事になりやすい
- ●犯行後に逃げやすい場所は避ける
- ・車内のドア付近や、エスカレーターは特に注意
- ●女性専用車両を積極的に利用する
- ・犯罪者が入りにくい場所では被害に遭いにくい
- ●ゾーニングされたトイレを利用する
- ・犯罪者が間違えたフリをして入ってこれない

第5章

乗客を襲う「自爆テロ型犯罪」を防ぐ

急増する「自爆テロ型犯罪」

第1章で紹介した緊張理論と統制理論について、もう一度整理する。緊張理論は、人はなぜ犯罪をするのかを説明する立場で、その前提として、人は本来、道徳的な存在であり、犯罪に駆り立てる欲望が文化的に作り出されるから犯罪に走るとする。したがって、この立場は性善説である。

反対に、統制理論は、人はなぜ犯罪をしないのかを説明する立場で、その前提として、人は元々、道徳的な存在ではなく、社会的な絆（糸）によって犯罪に走るのを食い止めているとする。したがって、この立場は性悪説である。

では、犯罪機会論はどちらの立場だろうか。この点に関して、地域安全マップ協会の中尾清香が面白いことを言っている。「犯罪機会論は性弱説」だというのだ。つまり、犯罪に走るかどうかは、機会の有無に左右されるというわけだ。

確かに、性善説も性悪説も、人に注目する犯罪原因論として位置付けられる。とすれば、犯罪機会論は性善説でもなく、性悪説でもないはずだ。性弱説が前提としているのは、人の弱さであり、弱いからこそ環境に影響されて行動が決まるということである。その意味で、犯罪発生は機会次第という犯罪機会論の立場を、性弱説と呼ぶことは理にかなっている。

しかし、性弱説では説明できない犯罪がある。弱いから犯罪に走るのではなく、強いから犯罪に走るパターンだ。それが本章のテーマである。

強いから犯罪に走るパターンを、筆者は「自爆テロ型犯罪」と呼んでいる。逮捕されてもいいと思って犯行に及んでいるので、逮捕されたくないと思っている「通常型犯罪」とは区別できるからだ。弱いから犯罪に走るパターンが「通常型犯罪」で、強いから犯罪に走るパターンが「自爆テロ型犯罪」というわけだ。もっとも、犯罪以外の手段に訴えられないことを「弱い」と見なすなら、自爆テロ型犯罪も、弱いから犯罪に走るパターンだと言えるかもしれない。

それはともかく、この手の犯罪が近時、急増している。もちろん、過去にも、第２章で取り上げた大阪教育大学附属池田小事件（二〇〇一年）など、自爆テロ型犯罪はあった。例えば、秋葉原殺傷事件（二〇〇八年）、マツダ工場殺傷事件（二〇一〇年）、大阪心斎橋通り魔殺人事件（二〇一二年）、相模原障害者施設殺傷事件（二〇一六年）などは、自爆テロ型犯罪だ。

しかし、最近は、その発生頻度が増加しているように思われる。言い換えれば、事件と事件の間隔が短くなっているように見える。例えば、**（図表9）**の事件を思い出していただきたい。すべて、ここ五年ほどの間に起きている。

これらは、すべて自爆テロ型犯罪である。

こうした増加に連動して、列車内でも自爆テロ型犯罪が頻発するようになった。つまり、一般社会とシンクロするように、鉄道関連の自爆テロ型犯罪が多発し始めたのだ。例えば、以下の事件は鉄道関係者を震撼させた。

東海道新幹線火災事件（二〇一五年）：走行中の東海道新幹線の車内で、乗客の男がライターでガソリンに火をつけて焼身自殺し、一人が煙による気道熱傷で窒息死、乗客二六人と乗務員二人の計二八人が重軽傷を負った。

東海道新幹線殺傷事件（二〇一八年）：走行中の東海道新幹線の車内で、ナタを持った男が乗客を切りつけ、一人が死亡、二人が重傷を負った。犯人は「誰でもよかった」と供述した。

小田急線刺傷事件（二〇二一年）：走行中の小田急線の車内で、男が牛刀を振り回し、一〇名が負傷した。

京王線刺傷事件（二〇二一年）：ハロウィーンの夜に、悪のカリスマである「ジョーカー」

2018年 富山交番襲撃事件
警察官がおのとナイフを持った男に刺殺、さらに小学校の警備員が警察官から奪った拳銃で射殺された

2019年 川崎殺傷事件
登戸駅近くのスクールバス乗り場で小学校の児童らが刃物を持った男に襲われ、2人が死亡、18人が重軽傷を負った

2019年 大阪交番襲撃事件
警察官が男に包丁で刺されて重傷を負い、実弾入りの拳銃が奪われた

2019年 京都アニメーション放火殺人事件
京都アニメーションのスタジオが放火され、社員36人が死亡した

2021年 北新地ビル放火殺人事件
心療内科クリニックが放火され、院長ら26人が犠牲になった

2022年 東京大学前刺傷事件
地下鉄の車内や駅構内で着火剤を投げた後、試験会場だった東京大学前で、受験生２人と通行人の男性を刺して重軽傷を負わせた

2022年 川越ネットカフェ立てこもり事件
インターネットカフェで、アルバイトの女性を人質にとって個室に立てこもった事件

2022年 安倍晋三銃撃事件
奈良市の大和西大寺駅北口付近にて、安倍晋三元首相が選挙演説中に銃撃され死亡した

2022年 宮台真司襲撃事件
東京都立大学の南大沢キャンパスで、宮台真司教授が刃物で顔や足などを複数回切りつけられた

2023年 岸田文雄襲撃事件
和歌山市の漁港を選挙の応援で訪れていた岸田文雄首相に対し、演説の直前に爆弾が投げられた

2023年 長野四人殺害事件
男が近所に住む女性２人をナイフで刺したうえ、駆けつけた警察官2人を猟銃で撃って殺害した

図表９　2018年以降に起きた「自爆テロ型犯罪」

に似せた服装をした男が、京王線の乗客の胸をナイフで刺し、オイルに火を付け、一八人が負傷した。犯人は「二人以上殺せば死刑になると思った。小田急線の事件を参考にした」と話した。

九州新幹線放火事件（二〇二一年）：走行中の東海道新幹線の車内で、乗客の男が液体を床にまき、ライターでレシートに火をつけて投げた。犯人は「京王線の車内で乗客が火をつけた事件をまねた」と供述した。

さて、鉄道関連のテロと言えば、地下鉄サリン事件（一九九五年）が有名だが、これと上記の自爆テロ型犯罪とは、性格を異にする。どちらも、恐怖（テロ）をかき立てるのが目的という点では共通しているが、その方法は大いに違う。

まず、地下鉄サリン事件は、「集団」による「テロ」だが、上記の犯罪は、「個人」によるる「テロ」だ。自爆テロ型犯罪の犯人が、「ローンウルフ（一匹おおかみ）」とか「ローンオフェンダー（単独の攻撃者）」とも呼ばれるゆえんである。

さらに、地下鉄サリン事件の犯人は、逮捕されたくないと思っているが、上記の犯人は、逮捕されてもいいと思っている。だから「自爆」なのである。

「自爆テロ型犯罪」を防ぐヒントを探る

では、こうした破れかぶれの犯罪は、なぜ起きるのか。

自爆テロ型犯罪が起きると、決まってマスコミは、犯罪原因論の視点から事件を報道する。「なぜ、こんな理不尽な事件が起きてしまったのか、その原因の解明が求められる」というのが定番だ。しかし、第1章で述べたように、原因や動機を解明するのは至難の業だ。

死刑囚の供述や著作から原因を探ることにも限界がある。自爆テロ型犯罪を起こした本人自身でさえ、なぜ犯罪をしたのか分かっていないからだ。

不条理を語るアルベール・カミュの小説『異邦人』でも、犯罪原因論の限界が描かれた。物語では、どこにも居場所がない主人公が、裁判長から殺人の動機を聞かれ、「太陽のせいだ」と答えている。カミュが言いたかったのは、心の奥底は簡単には見えないということだ。

金閣寺放火事件（一九五〇年）では、犯行の動機として、「美に対する嫉妬」と供述調書に書かれた。そのように明示するのは例外である。裁判の機能は、真実の発見ではなく、事件にけじめをつけ、社会を再起動させることだからだ。もっとも、この動機では、皆を納得させられないだろう。

このように、自爆テロ型犯罪の原因を解明するのは困難だ。しかし、その方向性を見つけることはできるかもしれない。原因とまでは言えなくても、傾向や因子といった程度のものである。それでも、防止のための何らかのヒントをもたらしてくれる可能性はある。

その際、重要なことは、背景とトリガー（引き金）を区別することが肝要だ。背景はほとんどの人に当てはまる事情のことで、それだけでは犯行には発展しない。そこに、個別のトリガーが重なって、犯罪が起こる。例えれば、背景は崖っぷちに立っていることで、トリガーは、後ろから押されることである。

例えば、安倍晋三元首相が銃撃され死亡した事件をめぐっては、警備態勢の不備と宗教団体への恨みが繰り返し報道された。しかしそれらは、事件のトリガーであって、そこだけにフォーカスしても事件の本質は見えてこない。本質が見えなければ、同種事件の再発は防げない。

本質とは背景のことであり、それは、ほかの自爆テロ型犯罪と共通するものでなければならない。それを探すためには、ターゲットは何かという問題を考えることが有用である。特定の背景なしには、ターゲットは現れないからだ。

筆者の見立てでは、一連の自爆テロ型犯罪のターゲットは、「幸せ」のシンボルである。

例えば、大阪教育大学附属池田小事件や川崎殺傷事件は、エリート小学校の児童という「幸せ」がターゲットで、これは分かりやすい。東京大学前刺傷事件も、エリート大学がターゲットだ。安倍晋三銃撃事件や岸田文雄襲撃事件も、エリート政治家という「幸せ」がターゲットで、これも分かりやすい。

これに対し、秋葉原殺傷事件や京王線刺傷事件は少し分かりにくい。しかし、秋葉原殺傷事件のターゲットが、秋葉原で楽しく遊ぶ人々、京王線刺傷事件のターゲットがハロウィーンの夜に楽しく遊ぶ人々と考えれば、やはりそのターゲットが「幸せ」のシンボルであることが分かる。

京王線刺傷事件の犯人は、『バットマン』に登場するスーパーヴィラン（悪役）の「ジョーカー」に仮装していた。ジョーカーといえば、ジョーカーを怪演したホアキン・フェニックスがアカデミー主演男優賞に輝いた『ジョーカー』が思い出される。この映画は、心優しいピエロが悪の化身になっていく過程を描いたものだが、凶悪犯になるのも無理はないと思わせる作りだったので、二〇一九年の公開当時、悪影響を懸念する声が上がった。

それでも、ジョーカーは、ハロウィーンでは、依然として人気のコスチュームだ。この犯人も、ジョーカーになることで、何らかのメッセージを発信したかったのかもしれない。「不公平だ」とでも言いたかったのだろう。

小田急線刺傷事件では、犯人が「六年ほど前から幸せそうな女性を見ると殺してやりたいと思うようになった」「逃げ場がなくて大量に人を殺せるから列車を選んだ」と供述している。

したがって、一連の自爆テロ型犯罪、マスコミが言うような無差別事件ではない。攻撃の対象者は、「特定」とまではいかないが、「不特定」でもないからだ。

では、なぜ「幸せ」のシンボルがターゲットになるのか。それは、人々の間で「不公平感」が高まっているからだ。自爆テロ型犯罪の犯人が、「ローンウルフ（一匹おおかみ）」とか「ローンオフェンダー（単独の攻撃者）」と呼ばれることは前述した通りだが、そのため、自爆テロ型犯罪の原因が「孤立」と考える人も多い。しかし、それは的外れだ。「疎外感」ならいざ知らず、「孤立」は危険因子ではない。例えば、「引きこもり」の多くは孤立してはいるが、疎外感は感じていない。だから、「引きこもり」の多くは犯罪に走らない。

この区別は重要だ。自爆テロ型犯罪の背景にあるのも、「格差」ではなく「不公平感」である。人を動かすのは、客観的な「事実」ではなく、主観的な「意識」なのだ。

では、なぜ「不公平感」が高まっているのか。

前述したように、安倍晋三銃撃事件では、宗教団体への恨みは事件のトリガーにすぎない。問題の本質は、不公平感とすると、犬養毅首相が殺害された五・一五事件や、高橋是清大蔵大臣らが殺害された二・二六事件とメカニズムは似ている。それらも、軍国主義は事件のトリガーであって、失業者の増加や農村の娘の身売り（人身売買）が問題の本質だったからだ。もちろん、現在の自爆テロ型犯罪では、政治的闘争という色彩は薄いが、社会全体に不公平感が充満した状況で、うっ積した不満が爆発したという点では同じなのだ。とすれば、不公平感の底流にある格差や貧困を解決することが求められるはずだ。

バブル崩壊後の「失われた三〇年」の結果、G7の先進国グループから、日本は脱落しそうな状況にある。実際、昨年の日本の1人当たり名目国内総生産は、G7の中で最下位だった。「失われた三〇年」の間、日本の賃金だけが停滞した。賃金が上がらない理由として、たびたび指摘されているのが労働生産性の低さだ。その要因は、IT革命やデジタル・トランスフォーメーションの遅れである。

こうした状況を改善するには、例えば、IT教育やオンライン授業を本格化し、「不登校」「引きこもり」「いじめ」といった言葉が死語になるまで、学校教育の多様化を進める必要がある。もちろん、ITスキルやITリテラシーを高める職業訓練や社会教育を充実させることも重要だ。

さらに、失業中でも教育を受けられるよう、すべての人に経済的に安定した生活を保障すべきである。それには、基本的な生活費を保障する「ベーシックインカム」の導入が適している。ベーシックインカムは、全国民に対して最低限の現金を老若男女などの区別なく均一給付するものなので、導入すれば年金や生活保護の審査と管理のコストをなくすことができる。

カナダのドーフィンで行われたベーシックインカムの社会実験（一九七四年〜一九七七年）を分析したウェスタン・オンタリオ大学のデビット・カルニッキーとペンシルベニア大学のピラル・ゴナロンポンスは、「実験的な所得保障が犯罪と暴力に与える影響」（二〇二〇年）という論文で、ベーシックインカムの導入後、財産犯罪だけでなく、暴力犯罪の発生率も低下したと主張している。ベーシックインカムが「人間に対する投資」と呼ばれるゆえんである。

もちろん、今でも、組織の中でデジタル・トランスフォーメーションを主張する声がないわけではない。しかし、既得権益を守りたい保守層による同調圧力が強いため、デジタル化の声が黙殺されてしまっている。デジタル化は、既得権益を脅かしやすいからだ。例えば、未だにファクシミリを使い続けている組織が多く、河野太郎行政改革担当大臣（当時）が「中央省庁のファクシミリ廃止」を発表したときにも、各省庁から四〇〇件を超える反論が寄せられたという。

そこで、同調圧力の弱体化が必要になる。つまり、日本社会の文化を「画一性」から「多様性」に転換しなければならないのだ。多様性の社会では、「違い」を認めることが平等で、「違い」を認めないことが差別である。言い換えれば、他人の「ものさし」を認めることが平等で、自分の「ものさし」しか認めないことが差別だ。こうした「多様性」が日本社会で認められ、個性を前提にした「協調性」と、個性を封殺する「同調性」が混同されないことを目指すべきである。それが、社会安全と経済成長を両立させる唯一の道だからだ。

自爆テロ型犯罪に犯罪機会論は有効か

こうした視座から、自爆テロ型犯罪について、事件のトリガーを近視眼的に見る「虫の目」だけでなく、事件の意味を俯瞰的にとらえる「鳥の目」と歴史的にとらえる「魚の目」を合わせ持つことが大切である。

加えて、短期的には「犯罪機会論」の導入が必要である。犯罪機会論は自爆テロ型犯罪にも有効である。

例えば、猟銃を使用した自爆テロ型犯罪を防ぐには、警察署、猟友会、射撃場など、所持者の自宅以外の場所で管理することが有効である。猟銃のある場所を「入りにくい場所」にするからだ。猟銃を取りに行く間に、犯罪企図者がクールダウンすることも期待できる。また、猟銃にGPSをつけることも効果的だ。これは、猟銃のある場所を「見えやすい場所」にする工夫にほかならない。

暴走車による自爆テロ型犯罪を防ぐには、進入路にボラード（車止め）を設置することが有効である。

テロの手口として、かつては爆弾を使ったものが一般的だったが、先進国では暴走車の突っ込み

写真46　クロアチアのボラード

が頻発するようになった。秋葉原殺傷事件の影響である。例えば、二〇一六年七月のニース、同年一二月のベルリン、二〇一七年四月のストックホルム、同年六月のロンドン、同年八月のバルセロナ、同年一〇月のニューヨークといった具合に、暴走車テロの連鎖が広がっている。開発途上国と異なり、先進国では爆弾製造のためのアジトを確保したり、爆弾の材料を調達したりするのが年々難しくなっていることも背景にある。

進入路にボラードを設置することは、犯罪機会論的に言えば、歩行者がいる場所を、自動車が「入りにくい場所」にすることだ。欧米では、道路に埋め込んでリモコンで昇降させられる「ライジングボラード」が多数設置されている（写真46）。

それだけの予算をかけることが難しい場合には、「ハンプ」なら安価で設置できる（写真47）。ハンプ（英語で「こぶ」の意）とは、車の減速を

写真47　フィジーのハンプ

促す路面の凸部（盛り上がり）のことだ。ハンプは、「眠れる警察官」とも呼ばれ、オランダで生まれたボンエルフ（オランダ語で「暮らしの庭」の意）を起源とする。

ハンプが道の途中にあると、車体が持ち上がりそして落ちる。そのため、恐る恐るゆっくり越えなければならない。さもなければ、車が跳ね上がり、天井に頭をぶつけてしまう。したがって、ハンプを設けておけば、全速力で行う「車両突入テロ」を難しくできる。このように、ハンプも、犯罪機会論的に言えば、守るべき場所を、自動車が「入りにくい場所」にする工夫なのだ。

ハンプは世界中の道路で見られる。巨石像モアイで知られるイースター島にもある。イギリスでは、「ＤＩＹストリート」という草の根プロジェクトで、住民によるハンプ設置も認められている。しかし、日本では、二〇〇一年の道路構造令の改正によりハンプの設置が認められたにもかかわらず、普及は進んでいない。

自爆テロ型犯罪のリスク・マネジメント

京都アニメーション放火殺人事件や北新地ビル放火殺人事件など、施設をターゲットとする自爆テロ型犯罪を防ぐには、防犯環境設計に基づく「多層防御」が有効である。第2章でも述べたように、犯罪企図者によって第一層が破られても、第二層、第三層という形で侵入を食い止め、守りを崩されないようにする手法だ。施設の守りを、文字通り、「鉄壁」にするのだ。

第2章で紹介した歴史的建造物を見習って、現代の施設にも多層防御を取り入れることが求められる。また、アメリカ生まれのディズニーランドも参考になる。ディズニーランドと犯罪機会論の関係について、論文も出されている。もっとも、多層防御は、設計段階で組み込む必要があり、建設後の改修では、物理的にも予算的にも難しい。しかし、建設後でも、先端テクノロジーの助けを借りれば、多層防御を実現できる。その一つが、「ディフェンダーX」である（**写真48**）。

川崎殺傷事件では、事件後、対策として、登下校

写真48　ディフェンダーX

を見守るボランティアを増やすことが提案されたが、自爆テロ型犯罪の阻止をボランティア活動の対象にすることは、危険極まりない。これを主張する人は、川崎殺傷事件で使われた刃渡り三〇センチの柳刃包丁を一度見た方がいい。包丁というよりもむしろ刀というイメージに近い凶器だ。それを向けながら迫ってくる犯人を想像すれば、身の毛がよだつのではないだろうか。実際、見守り活動の強化を要請された住民ボランティアから、「恐ろしいから活動をやめたい」という声が上がった。

くしくも、川崎殺傷事件が起きた同じ日に、さいたま市の路上で、刃物を振り回していた男に警察官が発砲し、被害を防いだ事件があった。やはり、拳銃を携帯している警察官にしか、自爆テロ型犯罪は阻止できないと言わざるを得ないが、これはクライシス・マネジメントである。問題は、リスク・マネジメントだ。どうすれば、犯人がターゲットを襲う前に、警察官が現場に駆けつけられるかである。生理学的にその可能性を追求するツールが、「ディフェンダーX」というソフトウエアである。緊張したときに生理的に起こる顔面皮膚の微振動を解析して、その人の現在の緊張度を測定しようというものだ。ロシア発のテクノロジーということだが、ロシアの生理学はソ連時代に世界の研究をリードしていたので、そのときの遺産なのかもしれない。このプログラムは、生理学的には、ポリグラフ（俗称「うそ発見器」）や、離れていても心拍と呼吸を感知できるドップラーセンサー（電波センサー）の原理に近い。アニメ『ＰＳＹＣＨＯ－ＰＡＳＳ（サイコパス）』を見たことがある方は想像しやすいかもしれない。

ディフェンダーＸは、既に設置されている防犯カメラに搭載するだけで機能するが、普及が進む「顔認証ソフトウエア」とは大きく異なる。犯罪防止のための顔認証ソフトでは、登録データとの照合が不可欠なので、あらかじめ犯罪者の顔のデータベースを準備する必要がある。そのため、人権上の問題が起きかねない。これに対し、ディフェンダーＸでは、データベースは必要ない。あくまでも、「今ここ」での緊張状態を見るにすぎないからだ。犯罪機会論的に言えば、公共の場所を「見えやすい場所」にするツールなのである。

このソフトを、すでに設置されている防犯カメラに搭載すれば、凶器を隠し持っている人をいち早く検知し、検知に成功した防犯カメラから、自動的に警察署や警察本部にアラームで通報できるかもしれない。

川崎殺傷事件でも、犯人が利用した駅の防犯カメラにディフェンダーＸが入っていれば、犯人が凶器を携えて児童に近づく前に、自動通報を受けて駆けつけた警察官によって制圧された可能性がある。

北新地ビル放火殺人事件など、雑居ビルが自爆テロ型犯罪のターゲットになる場合には、各テナントが個別にディフェンダーXを導入しなくても、雑居ビルの入り口に一台導入するだけで、犯罪企図者の早期発見につながる可能性がある。犯罪企図者は、雑居ビルに入る段階で、かなり緊張しているはずだからだ。

京王線刺傷事件や小田急線刺傷事件のように、鉄道が自爆テロ型犯罪のターゲットになる場合には、駅の改札口に設置されている防犯カメラに、ディフェンダーXを搭載すれば、犯罪企図者が改札を通過するとき、極度の緊張状態を検知し、自動的に駅員や車掌に知らせたり、さらに危険性が高い場合には、警察にアラームで通報したりすることができるかもしれない。

もちろん、ディフェンダーXが激しい緊張状態にある人を検知しても、なぜ緊張しているのかまでは、ソフトでは分からない。そのため、検知した人を犯罪予備軍とみなすことはできない。あくまでも、今ここで助けが必要な「声かけ対象者」と位置づける必要がある。

防犯カメラが設置されているだけでは、自爆テロ型犯罪を防ぐことはできない。「死んでもいい」と思っている犯罪者にとっては、防犯カメラに録画されるかどうかはどうでもいい。真の意味で「防犯」のカメラにするためには、犯行直前の犯罪者を発見するソフトの組み込みが不可欠である。それなしには、防犯カメラの実体は、事件発生後に活躍する「捜査カメラ」になってしまう。

日本では、自爆テロ型犯罪が起きると、「心の闇」という言葉を持ち出して、お茶を濁すことが多い。しかし、分かったような言葉を並べるだけでは、何の解決にもならない。より現実的で実効的な対策には、精神論よりも科学が必要だ。しかし、日本人の科学離れが指摘されて久しい。その結果、最新テクノロジーの分野で、欧米と大きな差ができている。このままでは、日本は「加速する社会」に取り残されるだけだ。

自爆テロ型犯罪においても、感情より論理が支配的になることが必要だ。そうした視点から、犯罪機会を奪うデザインやテクノロジーの提案に耳を傾けてもいいのではないか。実際、もし、リアリティを直視できれば、耳を傾けたくなるのではないか。

この点で、第3章で紹介したアイスランドの交通事故防止オブジェは効果的な手法である。テロに関しても、欧米では、リアリティの直視が重視されている。例えば、バージニア州クワンティコにある、世界最高峰と言われる警察研修施設「FBIアカデミー」に行くと、九・一一同時多発テロの記念碑が「悲劇を繰り返すな」と語りかけてくる。そこには、テロの被害に遭った世界貿易センター、ペンタゴン（国防総省）、ユナイテッド航空九三便の残骸も生々しく展示されている（**写真49**）。

「景色解読力」を磨き、危険を感じ取るアンテナの感度を高める

テロ防止のポスターにも、科学的な配慮が施されている。危険な「人」ではなく危険な「景色」を見抜こうとする犯罪機会論のポスターである。例えば、アメリカ・ニュージャージー州の駅のポスターでは、「この絵の何が問題なのか」と問いかけている（**写真50**）。正解は、所有者不明のバッグだ。日本人なら、「不審者は誰か」という発想になりそうだが、正しい問題関心は「不審物はどれか」である。「人の識別」ではなく「景色（場所）の

写真49　FBI アカデミーの 9.11 記念碑

解読」を促すビジュアルなポスターなのだ。

公共交通機関は安全のために存在している

防犯を扱ったアメリカ映画には、リアリティの高い作品が多いと第３章で述べたが、テロを題材にした映画についても同じことが言える。とりわけ、クリント・イーストウッド監督の作品は、とことんリアリティを追求したものだ。フランスの「タリス銃乱射事件」を描いた『一五時一七分、パリ行き』や、アメリカの「アトランタオリンピック爆弾テロ」を描いた『リチャード・ジュエル』は、どちらもテロの現実をしっかり伝えてくれている。

写真50　駅のホームのポスター

こうして見てくると、公共交通機関は自爆テロ型犯罪のターゲットになりやすいと思われるかもしれない。それがソフトターゲットと呼ばれるゆえんである。しかし、そもそも、公共交通機関は安全のために存在していることを忘れてはならない。公共交通機関がない場所を、私的な手段で移動しようとするなら、どれだけのリスクを覚悟しなければならないか考えてほしい。

このことは、コロンビアのメデジンで典型的に見られる。メデジンは、コロンビア第二の都市だが、かつては「殺人首都」と言われていた。当時の殺人発生率は東京の三〇〇倍。ところが、その後の二〇年間で八〇%低下し、二〇一三年にはシティ銀行

写真51　メデジンのロープウエー

とウォール・ストリート・ジャーナルのコンテストで「世界一革新的な都市」に選ばれた。これは、一〇〇万人の投票に基づく結果だという。こうしたメデジンのシンボルが、スラム街に建設されたロープウエーだ（**写真51**）。

この公共交通機関が設けられるまで、住民はスラム街を怖くて通過できなかった。途中で犯罪に遭う危険性が高かったからだ。行動の自由が制限されたため、教育を受ける権利や職業選択の自由も大幅に制約された。しかし、ロープウエーという公共交通機関が設置されてから、安心してスラム街を通過できるようになった。その結果、教育や仕事に自由にアクセスできるようにもなった。隔離され、排除された住民を包摂するまちづくりである。メデジンが「世界一革新的な都市」に選ばれたのも納得できる。

考えてみれば、ロープウエーという箱は、犯罪者が「入りにくい場所」だ。そして、

「自爆テロ型犯罪」の防犯知識
まとめ

- ●クライシス・マネジメントとしては「逃げる」が正解
- ●リスク・マネジメントとしては、ハードとソフトの多層防御を
- ・ハード面では、有効なテクノロジーの導入を
- ・個人でできることは、「景色解読力」を磨き、違和を感じ取る感度を上げること。時々周囲を見渡すだけでも、異変に気付く機会が増える

乗客同士が助け合える「見えやすい場所」でもある。これが、公共交通機関の本来の姿だ。入りやすく見えにくい街中よりも、断然安全な場所なのである。ゆめゆめ、それを忘れてはならない。

第6章

特別対談

危機管理や防犯のスペシャリストお二人に、普段鉄道を利用する際に心がけていることや鉄道防犯の将来の展望などをテーマに対談していただきました。

小宮信夫　立正大学文学部社会学科教授

板橋　功　公益財団法人公共政策調査会研究センター長
テロリズム問題、組織犯罪、危機管理関係の研究に従事

鉄道を利用するときに気を付けていること

板橋　鉄道を含む公共の場というのは、基本的に不特定多数の人がいます。つまり、どんな人が何を持って乗っているか分かりません。鉄道の構内ではセキュリティーチェックを行っていないため、安全が確保されていない場所という意識は常に持っています。

小宮　そうですね、私は、音楽が大好きなので、車内で音楽を聞いていましたが、ある時を境に止めました。

板橋　私は使ったことがないのですが、最近は周囲の音を遮断・低減するノイズキャンセル機能があると聞いています。技術の進歩はすごいですが、セキュリティー的には

小宮　完全に聞こえないのは危ないです。最近では、ノイズキャンセリングイヤホンを使用していたため、周囲が騒ぎ逃げていても、すぐそばで事件が起きていることに気付かなかった、そのようなことも、ある事件の際に実際に起きています。

車内で音楽を聞くことは、節度を持ってやらないとトラブルになってしまいます。恥ずかしながら、私も若かりし頃は周囲の音が聞こえないくらいのボリュームで音楽を聞いていました。ある時、ものすごい剣幕で音漏れを注意されまして……。完全に私が悪いのですが、注意程度で良かったと思っています。駅や列車内といった公共の場は不特定多数の人がいるので、相手によってはいきなり暴力なんてことも考えられます。

――先ほどおっしゃられた「ある時」とはこのエピソードでしょうか。

小宮　それもありますが、一番は犯罪学の研究を始めたことが大きいです。知識を得ると、不特定多数の人が集まる場所、つまり公共の場というのは、「戦場」に例えられると気付きました。

――公共の場＝戦場ですか。そう考えると車内で眠ってしまうのも危険ということでしょうか。

小宮　眠ること自体は生理現象ですし、私も絶対に車内で眠らないというわけではありません。ただ、周囲を見渡し、どういう状況なのか観察するようにはしています。昔の話ですが、私は列車の座席に座って読書していました。車内も混雑してきて私の前にもつり革につかまる乗客が現れました。しばらくすると、その乗客はつり革につかまったままウツラウツラし始めました。よく見ると、つり革につかまりながらスマホを握っています。スマホが落ちたら危ないし、かといって起こすわけにもいかないので心配しながら読書していました。しばらくすると、案の定スマホが落下しました。周囲の状況を観察し、頭部に当たらないよう気を付けていたので良かったのですが、万が一当たっていたらケガをしていたかもしれないです。しかし、その乗客はスマホを拾うと、またウトウトし始めてしまいました。さすがに危ないのでスマホをしまっていただくよう丁寧にお願いしたところ、逆ギレされてしまいました。周囲の人が仲裁してくれたので大事にはなりませんでしたが、寝るということも、それなりにトラブルを引き起こす可能性があるということは知っておいたほうが良いと思います。

セーフティーとセキュリティーの違いとは

板橋　新幹線の中ではウトウトすることはありますが、在来線ではあまりないですね。昔は確かにありましたけど、地下鉄サリン事件あたりをきっかけに在来線ではあまり寝ないようにしています。海外もそうですが、何かの事件が起きると、皆が警戒するようになります。九・一一事件（アメリカ同時多発テロ事件（二〇〇一年））以降安全になったと言われるニューヨークの地下鉄も、無警戒でいると身ぐるみ剝がされたりします。コロナ以降は再び治安が悪くなっているようですが。

小宮　海外では列車内で寝ている人は見かけないですよね。

板橋　いないですね。乗客は皆、それなりに緊張感を持って乗っています。ロンドンやパリでもそうでした。公共の場は必ずしも安全ではないと認識していることがうかがい知れます。

小宮　私もそう思います。昔そんなことを話したら、「車内で眠くなるのは日本人の特性だ」と反論を受けたことがあります。欧米人をよく観察すると、列車内では確かに居眠りをしていないのですが、飛行機では眠っている人が多いと分かりました。つまり、欧米人は列車内ではなんとか起きてようと頑張っているようです。

板橋

確かに、飛行機では眠っている人を見かけますが、これは、セーフティーとセキュリティーの違いだと思います。同じ安全でも明確な違いがあり、セーフティーは危険な状況や不慮の事故から守ることに焦点が置かれ、セキュリティーは生命・身体や財産などの保護対象を不正行為や脅威から守ることに焦点が置かれています。これは私の実体験ですが、G20大阪サミット二〇一九開催直前に仕事で何度か東京と大阪を往復しました。こういった大規模な国際イベントは、開催前がテロに一番狙われやすいことから、緊張感が最も高まる時期となります。ある夜、大阪から帰りの新幹線で、ふと「この列車で爆発事件が起きてしまったらどうなるのだろう」と考えたら、心配になって眠れなくなってしまいました。普段からそういった心配はあるのですが、サミット直前なので特に心配になってしまい、東京に到着するまで緊張感があって怖かったです。別の日には、大阪から飛行機で帰りました。この時は座席に着くなりすぐに眠ってしまいました。そして、これがセーフティーとセキュリティーの違いなのだと改めて実感しました。一般論として、地上を走行している新幹線は空を飛んでいる飛行機よりはセーフティーは高いですが、保安検査がないため、セキュリティーは低いです。ここで誤解しないでほしいのは、列車の乗客全員にセキュリティーチェックを行うべきと言っているわけではありません。日常生活に支障が出てしまい、利便性が損なわれてしまいますし、現状の技術では現実的に不可能です。しかし、新幹線については、ランダムにかつ簡易的に行うなど、部分的にセキュリティーを強化することは必要ではないかと考えています。新幹線は不特定多数の人が集まる上に、駅間も長く、長時間密室になり、かつ高速で走行していますので、万が一のことがあれば被害は甚大になります。

「歩きスマホ」の危険性について

板橋　公共の場をはじめ列車乗降時などでの歩きスマホ、これは実に危ないです。私はスマホを使用する必要があるときは、端に避けて安全な場所で止まって扱うようにしています。

小宮　私は歩きスマホは絶対にやらないです。危険ですし、周囲に迷惑がかかるので。

板橋　結構堂々と操作しながら歩いている人がいますけど、行き先の予測がつかないので、普通にいていてもぶつかりそうで怖いですね。そういえば、日本人だけでなく外国人の歩きスマホも見かけるようになりました。

――大きな駅を利用するのですが、歩きスマホは体感で3割といったところです。

小宮 誰かが避けているからトラブルになってないだけの話なのです。みんなが同じ事やったら必ず修羅場になります。歩きスマホをしない人が避けてくれているから何とか今のレベルで収まっています。

板橋 これは本当にトラブルの元です。お互いぶつかったことに端を発して傷害事件となることも考えられます。本来なら起こらないトラブルが、歩きスマホが原因で起きてしまうこともあるので、危機管理としては最悪です。

小宮 犯罪機会論からしてもよろしくないです。犯罪の起きにくい場所には「入りにくくて、見えやすい場所」というキーワードがあります。公共の場だと、少なくとも自分の周囲1～2ｍだけは「入りにくくて、見えやすい場所」にしましょうというのが身を守るための基本戦術となります。逆に、犯罪の起きやすい場所というのは「入りやすくて、見えにくい場所」となります。歩きスマホをしていると、自分の周り1～2ｍですら非常に見えにくくなっていて、さらに警戒もできないので、外から入りやすくなっていると言えるでしょう。つまり、歩きスマホという行為は、犯罪が起こりやすい場所を作り出しているとも言えるのです。これは、安全の機会を自ら放棄していることにほかならないです。おそらく、横から襲撃されても衝撃を受けるまで気付かないでしょう。

板橋　話が少しそれますが、自転車でお子さんを乗せて「ながらスマホ」している人を見かけたことがありますが、本当に危険なのでやめてほしいです。

小宮　実際に被害に遭って、初めて事の重大さに気付くという人が多い気がします。取り返しがつかない場合も起こり得ることを、もっと想像したほうが良いと思います。

テロリズムの現状と日本への影響について

板橋　実際に被害に遭っているという点でいうと、日本でも鉄道におけるテロ事件が起きています。そして残念なことに、その時の手口は海外のテロ事件の参考にされています。例えば、スペインのマドリードにおける列車同時爆破テロ事件（二〇〇四年）や英国のグレンイーグルスでサミットが開催されている時にロンドンで起こった地下鉄などの同時爆破テロ事件（二〇〇五年）。これらは、複数の路線を同時に狙っている点など、日本で起きた地下鉄サリン事件（一九九五年）を参考にしていると考えられています。

私自身もそうでしたが、地下鉄サリン事件直後はホームや車内では不審物がないかと周囲を見渡すなどほとんどの利用者も警戒していたと思いますが、残念ながらその経験が今も活かされているようには見えないです。当時のような緊張感を常に持つべきとは思いませんが、あまりにも利用者側の警戒心が薄いように感じます。例えば、大きなスポーツイベントや国際会議などの期間中とその前後だけでも警戒意識を高めてほしいです。事件当時を知らない若い世代の方もたくさんいますが、ちょっと周囲を見渡して警戒するのは、ほんの数秒のことなので。

小宮　私はよく「景色解読力」と言っています。周りを見渡して異変を感じ取ることが防犯の第一歩です。異常を感じたところから遠ざかる、危険から離れることが自分を守ることにつながります。景色解読力を身に着ける方法としては、板橋さんも仰っていたように、周囲を見渡すに尽きます。見渡して不審なもの、例えば誰もいないベンチに放置されているバッグや、ベンチ下などに置かれた蓋の空いていない缶といったものに気付くかどうかです。

ところで、秋葉原通り魔事件（二〇〇八年）も、残念なことに手口が参考にされているると聞きます。こちらは単独犯、いわゆるローンウルフ型の犯行ですが、近年このタイプの犯行が増えていると感じます。一方で、組織的な凶悪犯罪が日本では少ないというのは、何か理由があるのでしょうか。

板橋　やはり、現在日本に大きなテロ組織がないことが挙げられます。活動している組織がないということは、海外からの仲間の流入などもおそらくないため、発生していないと考察できます。ただ、複数の国籍の人たちが集まるような、大きなスポーツイベントや国際会議などが開催されるタイミングや、不特定多数の人が集まる観光地などは注意が必要です。そういった場所でテロが実行されるとインパクトが大きくなりやすいためです。被害に遭った人の国では必ず報道されますし、テロ組織もそういったインパクトの大きさを狙っています。最近で複数の国籍の不特定多数の人が集まったタイミングと言えば、東京オリンピックやG７広島サミットがあります。この時は相当警戒を強めていましたので、あちらこちらに警察官がいました。サミットの時は、広島と新幹線でつながっている博多や名古屋、東京などの各駅でも警戒を強めていました。これはいわゆるソフトターゲットを警戒してのことです。

小宮　確かに警察官が多かったですよね。組織的犯罪についてはある程度対策があること
が分かりました。それでは、ローンウルフ型の犯行はどうでしょうか。

板橋　ローンウルフ型の場合、多くは目標達成のためには自身がどうなっても構わないと
考えています。また、計画から準備、実行に至るまで一人で完結しています。これ
らの点は事前に犯行を察知することを難しくしている原因と言えるでしょう。

小宮　察知が難しいのであれば、少しでも身の安全を確保する方法はありますか。

板橋　これは周囲に注意を向けるのが一番です。不審者を見分けるのは難しいことですが、
周囲と違う動きをしている人がいることに気付けるかどうか……。

小宮　景色解読力ですね。

板橋　そうです。周囲に注意を払い、違和を感じ取れるかどうかです。景色解読力と言えば、
昔こんな話を聞いたことがあります。列車に乗っているときに、前に座っている人
のナップサックにカッターナイフが入っているのが見えたそうです。その人は怖い
なと思いつつも、作業着姿だったので、何か仕事で使うためにたまたま所持してい
たのかもと思ったそうです。とはいえ、車内に持ち込めない危険物に該当する可能

性があるわけだし。しかし、声かけしたら暴れるかもしれないし……と。

小宮 その人はどうされたのですか？

板橋 結局、刺激しないほうが良さそうと思って、何も言わずに別の車両へ移動したそうです。幸い事件は起きなかったようです。

小宮 景色解読力を高め、いち早く異常に気付き、危険から遠ざかることが身の安全を確保した例だと思います。実は「ちょっと危ないな」「あやしいな」と思ったことの99％は大丈夫なのです。だけど、残り1％でも可能性があるなら危険を回避しようと思うことが大事。そして、何も起きなかったことを「やっぱり大丈夫だったね」と笑えることが重要なのです。残念ながら慎重に行動している人を非難する人もいます。しかし、テロなどの脅威を日本よりも身近に感じる国では、そういった人は少ないように感じます。おそらく、安全を確保する知識や意識として身についているのだろうと思います。

テクノロジーの発達と防犯について

――東京オリンピックの開催に伴い、センサーカメラを改札に導入するという報道がありました。また、最近では顔認識技術を導入した自動改札の実証実験や、クレジットカードのタッチ決済を改札で行う実証実験が行われています。個人情報の取得・利用の問題はいったん置いておいて、テクノロジーの発達で個人が特定しやすくなるというのは、犯罪の抑止力となるのでしょうか。

板橋 画像解析技術などといった日本の技術力が向上したことは、東京オリンピックのレガシーの1つだと私は思っています。ローンウルフ型の犯行には効果が薄いかもしれませんが、個人を特定しやすいという点においては、犯罪対策としては一定の抑止効果があると思います。罪を犯す人は、犯行後に捕まりたくないと思っているので、個人が特定されるのを嫌がるわけです。こういった一定の犯罪抑止効果以外には、セキュリティーの分野で応用できることでしょう。これは10年くらい前から行われていることですが、駅構内に画像解析技術を組み込んだリアルタイムのカメラを導入しました。例えば、階段から落ちた人を検知するとか、長い時間放置された荷物を検知するといった使い方です。駅員の数も減っているので、人の目の代わりをＡＩ搭載のカメラが担っているというわけです。これは、鉄道に限らず空港などでもそうなっています。

小宮　人が減ってもある程度のセキュリティーが守られるということですね。

板橋　そうです。技術が向上して画像解析の精度が上がればより正確な情報がつかめます。カメラがとらえた相手が危険物を所持しているかどうかが分かると、当然初動が変わり、迅速に対応できるようになります。セキュリティーが必要な場面では画像解析技術などは積極的に使っていったほうが良いでしょう。ただ、ひとつ問題があります。それは、カメラシステムが高額なため、複数台を一気に導入しにくい点です。

――ところで、カメラと言えば、大都市を走る新造車両には車内カメラの設置が義務化されました。

板橋　そうですね、私もこの検討に参加させていただきましたが、個人的にはもう一歩踏み込んだ提言をしたかったのですが……。カメラの設置自体は評価できるわけですが、残念なのはリアルタイムカメラではなく、録画タイプのカメラという点です。リアルタイムカメラを導入している鉄道事業者もありますが、各社の対応に差があるのが現状です。録画タイプは事後の事件捜査には有効かもしれませんが、何か起きたときの即時対応といった点ではあまり役に立ちません。今後、ワンマン運転や自動運転が普及したとき、初動対応するのは運転手や車掌、駅係員だけではなく警察や消防などのファーストレスポンダーへの依存度が高くなります。そういったしかるべき人たちにリアルタイムで情報が伝わらないと、対応がどんどん後手に回ってしまいます。鉄道事業者はコロナ禍もあり財政的には苦しい状況もあり、早急の整備を求めるのは酷な話です。そのあたり、国などが補助を行えると良いと思います。

鉄道がより安全な移動手段となるには

――東京オリンピックの時には、駅員などが手荷物検査を行うことがあるというプレスリリースが出ていました。

板橋　手荷物検査の実施と先ほどのカメラ設置は、鉄道運輸規程という省令の改正となります。手荷物検査は、飛行機の保安検査のように一斉に行うのではなく、ランダムに行うものです。見せる警備にもなるので、手荷物検査は積極的に行ったほうが良いと私は思います。手荷物検査や声かけを行うことが周知・浸透することは大きな抑止力となるでしょう。なぜなら、犯人にとって嫌なことは犯行前に察知されることだからです。走行中の列車は逃げ場のない空間ですので、事件を未然に防ぐ手法として手荷物検査は非常に有効だと思っています。検査を嫌がる人は一定数はいるでしょう。しかし、自分を含めた全鉄道利用者の安全確保に協力していると思ってほしいですし、鉄道事業者には、省令を改正することで手荷物検査の実施に法令の根拠も明確化されましたので、利用者の理解が浸透するくらいに行ってほしいと思っています。

小宮　列車内を警備員や警察官が巡回することもありますが、これも見せる警備ですね。

板橋　実は、施設管理権と運送約款があるので、省令を改正せずとも鉄道事業者は手荷物検査などを行うことができます。駅構内などは鉄道事業者の施設ですので、施設管理権を行使することができます。また、利用者はきっぷ購入と同時に運送約款に承諾したことになります。各鉄道事業者は運送約款で危険物の持ち込みなどを制限・禁止しています。そして、施設管理権には、施設所有者は利用者が安全に利用できるよう管理する義務が含まれています。つまり、セキュリティー確保のために手荷物検査などを実施することが可能なのです。そこで何か見つかれば、施設からの退去を命じることができます。今回、省令の改正により法的根拠が加わったので、安全確保のために手荷物検査などを実施するための大義名分は十分にそろっていると言えるでしょう。次に課題となるのが周知の方法です。例えば、列車内のモニターに「省令の改正に伴い、皆さんの手荷物を拝見させていただくことがございます。その際にはご協力をお願いします。」などと流してはどうでしょうか。現在は、列車内のモニターやアナウンスで「警備強化中」や「特別警戒実施中」などと流れていると思いますが、二十年以上文言が変わっていません。利用者の皆さんも、ほとんど気に留めていないと思います。

小宮 細かい文言は変わっているかもしれないですが、目に入る見出しは特別警戒中などで変わっていないですよね。ずっと特別警戒中では注目されにくくなっているかもしれないです。

板橋 そこで、手荷物検査への協力や列車内では周囲に注意を払いましょう、などといったより具体的なセキュリティーについてアナウンスしてはどうかと思うわけです。

小宮 施設管理権の行使について、好例はありますか。

板橋　あるテーマパークへ視察に行ったことがあります。そこでは入園前に全員の手荷物検査を実施していましたが、クレームを付けている人は見かけませんでした。機械を導入して検査の正確性と時間短縮、そしてプライバシーへの配慮を図っていることも工夫ですね。事前に危険物が持ち込まれていないことが担保できれば、利用者も安心して楽しむことができます。

小宮　鉄道で浸透しないのはなぜでしょう。

板橋　ここまでインフラとして普段の生活に関わっていると、すべての鉄道利用者の検査を行うことはほぼ不可能というところでしょうか。一部の人だけ検査を受けると不公平感も出てきます。ゆえに、手荷物検査を実施することがあると積極的にアナウンスして浸透させる必要があるわけです。「不審に思われたから検査された」と思うのではなく、「自らの安全、そして利用するすべての皆さんの安全を守るために検査を受けている」と思ってもらえるようになってほしいです。少なくともテーマパークのセキュリティーチェックでは、皆さんそのような意識を共有していると思います。これがセキュリティーの本質だと思います。

小宮　犯罪機会論に基づいて考えると、安全な場所というのは、入りにくくて見えやすい場所ですから、手荷物検査は入りにくい場所を作り出し、カメラの導入は見えやすい場所を作り出します。つまり、これらを実施するということは、安全な場所を作り出しているということになります。実は先ほどのテーマパークは犯罪機会論を取り入れたレイアウトになっています。例えば、トラブルの原因になる身体接触が生まれにくい仕切りなどです。その内容を研究対象として論文が出ているくらいです。公共交通機関もぜひそうなっていってほしいですね。

板橋 近い将来、ワンマン運転や自動運転が普及することでしょう。そうなると、利用者はセキュリティーを基準に交通手段を選ぶ可能性もあります。そうなったときに鉄道が選ばれるようになっていってほしいですね。

小宮 鉄道事業者の努力と、利用者の正しい知識が伴って、初めて強固な守りになります。対談の冒頭で「不特定多数の人が集まる公共の場は戦場」と表現しましたが、有事の際にそういった場所から民間人を逃がす場合を想像してください。軍などが民間人の周りを警護しながら移動しますが、それを無視して別行動をとる民間人は、ほぼいないと思います。危険と分かっているからですね。鉄道事業者と利用者の関係も似通った部分があると思います。鉄道事業者がいくら安全対策を施しても、利用者に正しい知識がなければ、安全対策は機能しないでしょう。近年高まっている防犯カメラのニーズを考えますと、世の中はセキュリティーを求めているのではと感じます。私も鉄道旅行が好きなので、より安心して楽しめるようになることを願っています。

対談日：二〇二三年九月

おわりに

本書では、防犯のグローバル・スタンダードである「犯罪機会論」を詳しく解説してきた。

犯罪機会論から導き出す手法は、時間軸で考えれば、リスク・マネジメントである。犯罪が起きる前にやるべきことがリスク・マネジメントで、犯罪が起きた後にやるべきことがクライシス・マネジメントだが、日本ではその区別が意識されていない――そう本書で警鐘を鳴らしてきた。

区別ができていないので、犯罪対策といえば、クライシス・マネジメント一辺倒になる。多くの人はそれで満足しているが、大きな勘違いだ。

「何かが起こってからでは手遅れ」と説得しても、「それはそうですが……」と言うだけで、思考停止してしまう。もっと問題なのは、リスク・マネジメントを採用しない理由を一生懸命に探そうとする姿勢だ。

日本人が犯罪機会論を採用しないときには、三つの「M」を挙げることが多い。「もったいない」「むずかしい」「めんどうくさい」の3Mだ。犯罪機会論のコンセプト「防げる犯罪は確実に防ぐ」は、この3Mを克服できるかにかかっている。にもかかわらず、意識改革の道は遠い。

本書でも述べているが、海外では犯罪機会論が普通に実践され、それに基づくゾーン・ディフェンスが一般的だ。対照的に日本では、個人の対応に依存するマンツーマン・ディフェンスが一般的である。「自分の身は自分で守る」といった自己責任論をよく聞く。

ところが、ゾーン・ディフェンスは社会装置である。社会がゾーン・ディフェンスを用意するから、あとは自分でゾーンを選んで行動して、というスタンスだ。そのため、一人一人の「景色解読力」が必要になる。景色解読力がなければ、どのゾーンが安全で（グリーンゾーン）、どのゾーンが危険か（レッドゾーン）を識別できないからだ。景色解読力については、本書で事例を挙げて詳しく説明しているので、この能力を高め、「早期警戒」に努めていただきたい。

ただし、残念ながら、自分の景色解読力を高めれば高めるほど、「日本は危険な場所だらけ」ということが分かってしまう。それでも、被害に遭わないためには、犯罪が起きやすい場所（レッドゾーン）には行かない。どうしても行かざるを得ない場合には、周囲を十分に警戒し、注意を怠らないことが必要だ。

さらに、自分自身を犯罪者のターゲットにしない努力も求められる。本書でも述べたが、犯罪者がターゲットにしがちなのは、「幸せ」のシンボルである。したがって、SNSなどで「幸せ自慢」をするのは、犯罪を誘発すると言えなくもない。

もっとも、人間関係をすべて断つわけにはいかない。他人と会ったり、話したりしていれば、トラブルも起きる。そうした場合、重要なのは、トラブルの相手に低姿勢で臨むことだ。反対に、高飛車に出ると、相手に不安や恐怖が生まれ、ノルアドレナリンが分泌する。ノルアドレナリンは「闘うか、逃げるか」の二者選択を迫る物質だ。要するに、相手を追い込めば、相手が攻撃的になるのは、自然の成り行きなのである。

ちなみに、古代中国の名将・韓信が取った「背水の陣」も、同じ心理メカニズムを利用したものだ。わざと川を背にして戦うように布陣させれば、兵は決死の覚悟で、尋常でない力を発揮する。まさに「闘うか、逃げるか」の二者選択を迫る兵法だ。相手が「背水の陣」になるのを避けるには、低姿勢を貫くことが必要である。相手が不安や恐怖を感じなければ、相手が攻撃態勢に入ることはないからだ。

それでも、攻撃してきたら、「逃げるが勝ち」である。ここに来て、初めてクライシス・マネジメントが必要になる。テロへの対応としても、しばしば「伏せる、逃げる、隠れる」

が提案されるが、これもクライシス・マネジメントである。

テロ対策のリスク・マネジメントについては、万一のときに逃げ込める路地やビルを確認しながら歩く、身動きが取りにくい群衆の中に入らない、レストランは入り口や窓から離れて座る、といったことが挙げられるが、やはり「早期警戒」に勝るリスク・マネジメントはない。

個人での対応が難しいテロはともかく、通常の犯罪については、「予防に勝る対策なし」である。医学の世界で、「予防に勝る治療なし」とか「名医は未病を治す」と言われるのと同じだ。「後の祭り」になる前に、「備えあれば患いなし」に努めたいものだ。

本書は、たくさんの犯罪機会論支持者に支えられて完成を迎えた。とりわけ、貴重な助言をいただいた公共政策調査会の板橋功さんと交通新聞社の牧静雄さんには記して謝意を表したい。

繰り返しになるが、本書で強調したかったのは、クライシス・マネジメントやマンツーマン・ディフェンスではなく、リスク・マネジメントとゾーン・ディフェンスである。そして、これらの基礎にあるのが「犯罪機会論」だ。

犯罪機会論の最新情報を知りたい読者は、ぜひとも私のウェブサイト「小宮信夫の犯罪学の部屋」を訪れていただきたい。犯罪機会論を駆使して、ご自身や家族を守っていただきたい。

実は、私にとって、犯罪機会論の先生は『孫子の兵法』を書いた孫武（後の孫子）である。『孫子の兵法』には、「善く戦う者は、不敗の地に立つ（巧みに戦う者は、負けない態勢に自らを置く）」という言葉がある。その理由を孫子は、「勝つべからざるは己に在るも、勝つべきは敵に在り（負けにくいかどうかは自分の努力次第だが、勝ちやすいかどうかは相手の出方次第）」と説明する。つまり、孫子が重視するのは「攻め」ではなく「守り」なのだ。

「もったいない」「むずかしい」「めんどうくさい」の3Mを口実に、何もしない人は「守り」を軽視している人だ。そういう人に限って、犯罪に遭遇すると慌てふためき、被害をあきらめられない。一方、「守り」にベストを尽くしてきた人は、「仕方がなかった」とあきらめをつけられる。やるだけのことはやったのだから。

なぜベストを尽くさないのか――犯罪機会論も、孫子の兵法も、そう問いかけている。

小宮信夫（こみや のぶお）

立正大学文学部教授。社会学博士。昭和31（1956）年東京生まれ。中央大学法学部法律学科卒業。日本人として初めて英国ケンブリッジ大学大学院犯罪学研究科を修了。国連アジア極東犯罪防止研修所、法務省などを経て現職。「地域安全マップ」の考案者。警察庁「持続可能な安全・安心まちづくりの推進方策に係る調査研究会」座長、東京都「非行防止・犯罪の被害防止教育の内容を考える委員会」座長などを歴任。著書に『犯罪は予測できる』（新潮新書）、『写真でわかる世界の防犯――遺跡・デザイン・まちづくり』（小学館）など。公式サイトは「小宮信夫の犯罪学の部屋」（http://www.nobuokomiya.com）

交通新聞社新書177

鉄道利用の最新防犯知識

「景色解読力」を身につけて危険回避

（定価はカバーに表示してあります）

2024年3月15日　第1刷発行

著　者――小宮信夫
発行人――伊藤嘉道
発行所――株式会社交通新聞社
https://www.kotsu.co.jp/
〒101-0062　東京都千代田区神田駿河台2-3-11
電話　（03）6831-6560（編集）
（03）6831-6622（販売）

カバーデザイン―アルビレオ
印刷・製本―大日本印刷株式会社

ISBN978-4-330-01124-0